智慧服务：
现代服务业发展研究

刘徐方/著

中国水利水电出版社
www.waterpub.com.cn
·北京·

内 容 提 要

　　在服务创新领域,信息技术的发展促进了现代服务业的发展,信息技术在服务业的应用有助于推动服务业的改造和升级,也实现了服务过程的智能化和自动化。

　　本书对现代服务业发展进行研究,重点分析智慧金融、智慧物流、智慧教育、智慧医疗、智慧旅游等行业,对现代服务业的发展有着重大的理论借鉴价值和实践推动作用。

　　全书层次清晰、概念准确、内容新颖,适合学生循序渐进地学习。

图书在版编目(CIP)数据

　　智慧服务 ：现代服务业发展研究/刘徐方著.—
北京:中国水利水电出版社,2018.9
　　ISBN 978-7-5170-7016-0

　　Ⅰ.①智…　Ⅱ.①刘…　Ⅲ.①信息技术－应用－服务业－产业发展－研究－中国　Ⅳ.①F726.9

　　中国版本图书馆 CIP 数据核字(2018)第 238525 号

书　　名	智慧服务:现代服务业发展研究
	ZHIHUI FUWU: XIANDAI FUWUYE FAZHAN YANJIU
作　　者	刘徐方　著
出版发行	中国水利水电出版社
	(北京市海淀区玉渊潭南路 1 号 D 座 100038)
	网址:www. waterpub. com. cn
	E-mail:sales@waterpub. com. cn
	电话:(010)68367658(营销中心)
经　　售	北京科水图书销售中心(零售)
	电话:(010)88383994、63202643、68545874
	全国各地新华书店和相关出版物销售网点
排　　版	北京亚吉飞数码科技有限公司
印　　刷	三河市元兴印务有限公司
规　　格	170mm×240mm　16 开本　16 印张　207 千字
版　　次	2019 年 3 月第 1 版　2019 年 3 月第 1 次印刷
印　　数	0001—2000 册
定　　价	77.00 元

目　录

第一章　现代服务业发展概述

现代服务业是进一步伴随着信息技术和知识经济的发展产生,用现代化的新技术、新业态和新服务方式改造传统服务业,创造需求,引导消费,向社会提供高附加值、高层次、知识型的生产服务和生活服务的服务业。

现代服务业的发展本质上来自于社会进步、经济发展、社会分工的专业化等需求。现代服务业既包括新兴服务业,也包括传统服务业的技术改造和升级,其本质是实现服务业的现代化。因此,对于现代服务业的源起、发展、特征及趋势进行探究就显得很有必要。

第一节　现代服务业的源起和发展

一、现代服务业产生的背景及提出

现代服务业在中国产生的一个首要背景就是由于中国经济的快速发展以及信息技术的进步所形成的一种中国产业结构深刻的变革。特别是改革开放以来,随着中国市场经济体制改革的逐步深化,中国产业结构的变化也顺应了世界其他国家产业结构演变的基本规律,第二、三产业的比重逐步上升,而第一产业的比重则逐渐下降。

与此同时,在第三产业内部也出现了更加精细的分工,新技术、新的生产方式、新的经营方式、新的服务方式、新的生活方式在第三产业的扩散和应用，逐渐构成人们新的消费基础，特别是知识经济时代的到来，随着第三产业内部结构的分化变得日趋明显，新兴服务业不断涌现出来。

不仅如此，现代服务业的产生和提出还是社会经济发展转型和消费者需求逐渐细化的一个最终结果。事实上，在发达国家，根本就不存在现代服务业这种提法，它只不过是中国国内学者自己创造的一个新名词，提出这个概念是因为中国目前还是一个发展中国家，产业发展的二元结构特征比西方一些发达国家更加明显，后发的或现代的产业崭露头角并形成了良好的发展势头。为了把这两者区别开来，就有了现代服务业与先进制造业的提法。所以，可以得知，提出现代服务业，仅仅是为了将其与传统产业更好地区分开来，方便进行深入的了解。

另外，现代服务业的产生和发展也是高新技术和服务业融合发展的一个结果。一方面，通过使用高新技术进一步改造并提升传统服务业，使得传统服务业不断精细化并有了更大的市场发展空间；另一方面，高新技术与服务业的融合又在一定程度上产生了一批新的现代服务行业和新业态，比如创意产业、信息服务业、金融业等。现代服务业就是在这样一些背景下产生并逐步发展起来的。

1997年9月，党的十五大报告中出现了"现代服务业"的提法，2000年中央经济工作会议提出："既要改造和提高传统服务业，又要发展旅游、信息、会计、咨询、法律服务等新兴服务业"，由此可见，现代服务业在中国的发展和研究也就是最近这20年的事情。经济的快速发展、社会进步和分工的专业化以及人们生活水平的提高，都在很大程度上促进了现代服务业的产生。现代服务业不仅包含新兴的服务业，还包含对传统服务业的技术升级和改造，服务业的现代化是其核心要求所在。

二、现代服务业产生的原因

(一)社会分工日益精细

现代服务业产生的一个基本原因是社会分工日益的精细化。整体看来,消费者需求的复杂多变和市场竞争的日趋激烈,使得很多企业更愿意将自己的主要精力集中在关系到生产过程的关键环节和关键技术上,以使自己在核心技术、核心能力、核心顾客群体等方面能够在市场竞争中立于不败之地。

基于这种考虑,人们更愿意将自己的某些业务外包给那些在该领域做得更专业的企业,由此也导致很多现代服务业类型的出现。越来越多的这种类似的服务外包活动,促进了社会分工更加精细,进一步带动了现代服务业的发展。

(二)现代信息技术的发展

人类社会经济发展史表明,新技术的诞生总能催生出一批新型的产业,同时也会导致一部分新型服务业的出现,如发生在18世纪下半叶的工业革命不仅使人们的生产生活方式发生了翻天覆地的变化,同时也带来了铁路运输服务业的大发展,孕育了铁路物流行业的诞生。

而现代信息技术的发展,更是在很大程度上造就了信息产业迅猛的发展态势。随着各行各业管理者开始在企业内部大力地推行信息化管理,市场对于信息技术的需求也在不断加大,于是很大一批基于现代信息技术发展的现代服务业逐步涌现,如通信业、IT服务业等。它使得企业的内外部管理更加迅速而有效。因此,对于信息技术为现代服务业的发展提供了一种强有力的技术支持这一说法是无法否认的。

(三)经济全球化带动明显

不仅如此,国际服务贸易的发展也离不开经济全球化的发展促进作用。制造业的国际化推动了国际物流、法律、管理、咨询等现代服务业走向国际化。加入WTO后,随着中国市场经济的进一步发展,市场开放程度逐步增加,国外比较先进的现代服务业也开始加快了向中国转移的步伐,很多知名的现代服务企业已经进驻中国市场,如咨询业的巨头麦肯锡、波士顿等,都是鲜活的例子。

(四)政府政策的刺激作用

政府所作出的相关政策干预也会在一定程度上进一步影响到现代服务业的具体发展。严格来说,政府政策对现代服务业的刺激作用主要表现在两个方面。

1.直接刺激作用

直接刺激作用即政府出台相关鼓励现代服务业发展的政策和具体措施,例如,在2008年金融危机影响下,政府投资4万亿以拉动内需,就有一部分投资是用于与现代服务业有关的行业。在2009年国务院出台的"十大产业振兴规划"中,物流业也被纳入其中,这势必刺激到物流等现代服务业的发展。

2.间接刺激作用

间接刺激作用主要表现在:在经济发展过程中出现了一些必须由政府出面才能解决的问题,如生态安全等问题,政府出面进行管制,由此就会导致一些新兴服务行业的诞生。

三、中国现代服务业发展概况

(一)发展规模不断扩大

中国服务业自改革开放以来,获得了很大的发展,随着服务业规模的不断扩大,水平逐步提高。中国服务业增加值从1978

年的 861 亿元增加到 2008 年的 12.05 万亿元,服务业增加值占GDP 的比重由 1978 年的 23.7％上升到 2008 年的 42.9％,服务业年均增长速度超过 10％,超过同期经济增长速度,2008 年,中国服务业的就业人数达到 2.57 亿人,占到全部就业人数的比重由 1978 年的 12.2％提高到 33.2％,是同期第二产业净增就业人数的两倍,已经成为吸纳就业的重要渠道。2016 年,中国服务业增加值比上年增长 7.8％,占国内生产总值比重达 51.6％,比2015 年提高 1.4 个百分点;最终消费对经济增长的贡献率为64.6％,比 2015 年提高 4.9％。由此可知改革开放政策和市场经济的发展对中国服务业的发展产生的影响是相当大的。

(二)区域发展差距较大

对于中国现代服务业区域发展而言,其所存在的差异主要体现在以下几点:

(1)东西部地区现代服务业发展水平差距明显,以中国现代服务业较发达的北京、上海地区 2017 年的数据为例,人均服务业增加值最高的上海是西部直辖市重庆的 7 倍。

(2)中西部地区现代服务业的发展水平与经济发展速度并不完全一致,中部地区经济发展水平较高的山西省,服务业的增加值尚不及宁夏和青海等西部省份。

(3)部分地区现代服务业的经济带动效益不明显,这可以从中国各省(自治区、直辖市)服务业所得税税率看出来,现代服务业对于国民经济发展的拉动作用还没有完全被挖掘出来。

(4)部分地区现代服务业增加就业的比重与现代服务业发展的速度不协调。全国各省(自治区、直辖市)除了北京之外其他地区服务业在增加就业方面的比重都赶不上服务业就业增加值提升的速度,因此服务业在增加就业方面所发挥的作用还不太明显。

(三)新型行业不断涌现

很多新型服务业从无到有,并迅速崛起,如文化创意产业、现代物流业、远程教育、电子商务等。同时,中国政府和社会各界对现代服务业的重视程度也日渐提高。党的十九大明确指出:建设现代化经济体系,必须把发展经济的着力点放在实体经济上,把提高供给体系质量作为主攻方向,显著增强我国经济质量优势。支持传统产业优化升级,加快发展现代服务业,瞄准国际标准提高水平。随后,各省市纷纷出台了相应的促进现代服务业发展的规划,全国掀起了发展现代服务业的热潮。

四、中国现代服务业的国际比较

(一)起步相对较晚,发展较为迅速

虽然全球产业结构正处在一个不断转型的过程中,但是在整体上已经呈现出一种由"工业型经济"向"服务型经济"转变的总体趋势,并且这一趋势正由发达国家向一些发展中国家扩展,以印度等发展中国家的表现最为明显。与一些发达国家相比,中国现代服务业的发展还比较落后,在改革开放后相当长的一段时间内,中国服务业的发展速度低于经济增长的平均水平,从而导致经济结构中服务业所占比重明显偏低,与世界平均水平(60%以上)和发达国家的水平还有很大差距,服务业整体水平不高,因而现代服务业在整个经济结构中所占的比重也比较低。

最近几年,特别是在全球性金融危机之后,现代服务业因其对金融危机的免疫力和对解决就业问题的拉动力而受到了党中央国务院以及各级地方政府的重视。当前,各地区都在纷纷编制现代服务业发展规划,这也说明现代服务业在中国的发展受到了广泛重视,以后会有很大的发展前景和广阔的市场。

(二)技术含量偏低,国际竞争力较低

尽管从整体来看,我国的现代服务业发展已经取得了初步的成效,但是也面临着现代服务业技术含量不高,国际竞争力较低

的客观现实。当前,我国现代服务业技术含量不高具体体现在以下几个方面:

(1)现代服务业内部结构比例出现失调的现象。劳动力密集型企业仍然占据主导地位,知识、技术和智力密集型企业所占的比重相对不足,这是制约中国现代服务业走向国际化的一个重要因素。

(2)缺少充足的知识储备和服务技能相互协调的中高端专业服务管理人才,导致了服务水平参差不齐的现象出现,使得服务质量处于一种相对较低的水平。

(3)部分现代服务企业还处在一种只能提供对应服务的过程中,没有及时使用创新型的服务方式和服务手段,导致盈利能力没有得到时效性的提高,而是处于盈利能力较低的情形,因而无法参与国际竞争。

(4)对于那些已经采用高新技术的现代服务企业来说,在管理理念上没有做到与技术的同步更新,致使企业缺少一种现代化的运营模式、商业模式和盈利模式,高新技术在企业中的应用效果不佳等现象也极为普遍。

(三)支撑体系不完善,结构不合理

现代服务业特别是其中的服务外包行业对于现代制造业具有很强的支持能力,它能够快速有效、综合配套地满足现代制造业的需求。但问题在于,就中国当前的服务支撑条件来看,现代服务业体系还不完善,效率也有待提升,从而使工业水平的发展在一定程度上受到了较大约束,进一步影响到中国企业参与国际竞争。现代服务业的发展不仅支撑体系不健全,而且结构也不太合理,就数量而言,中国服务业企业数量总体偏少;就内部结构而言,其组成不太合理,特别是在产品结构方面表现尤为突出。

当前来看,中国服务业企业主要集中在商贸、仓储、餐饮等传统服务业对于那些真正能代表现代服务业的金融、电信、文化创意、现代物流和信息服务等行业的企业,不仅数量少而且发育不太完整,从而使中国服务业仍然处于较低的层次水平。

五、中国现代服务业在发展过程中呈现的特点

(一)多元化

现代服务业发展的多元化主要体现在业态的多元化、服务方式的多元化、服务范围和服务领域的多元化。以信息技术为核心的高新技术的发展,使大规模生产分工得以有效展开,产业之间的边界逐渐变得模糊甚至消失。在产业边界处发展出新的业态在现代服务业中也十分常见,很多现代服务业就是这样产生的。

服务方式的多元化也是基于消费者消费需求的多样化和个性化产生的。同行业竞争对手的多元化服务产品和服务方式在一定程度上加剧了现代服务企业服务方式的多元化进程。一方面,一部分现代服务业是将传统服务业的一个或几个环节独立出来,当作一个流程或者系统来进行专门的研发和管理,体现出其精细化、专业化的一面;另一方面,在将服务流程做熟练之后,为了能够满足消费者的多样化和个性化需求,很多现代服务企业也开始走向多元化,涉足新的服务领域。

(二)发展快

现代服务业在中国起步较晚,但发展较快。从利润的增速上看,现代服务业的发展势头也十分强劲。传统服务业的发展在金融危机的影响下,受到很大的挑战,大规模出现亏损的局面。而现代服务业的发展依旧平稳,甚至在某些服务行业出现了比以往更好的发展态势。因为有越来越多的企业在金融危机之后不得不开始大规模地削减成本,特别是削减在非主营业务上的开支。

所以,作为企业中非核心业务的 IT 服务、人力资源、办公、培训等业务的外包行为大规模盛行,这种市场向好的因素很容易传导到现代服务业的层面。从某种程度上说,金融危机也催生了一

批现代服务企业的发展。

互联网技术的日新月异为现代服务业的快速发展提供了技术支持,与传统服务业相比,其发展进程的一个不同点是,现代服务业在发展过程中较短时间内就会出现一些新的服务业态。除此之外,随着经济全球化的发展和中国市场的不断开放,很多国外已经成熟的现代服务业业态也被快速引入中国,这也在一定程度上加快了中国现代服务业的发展。

(三)人性化

现代服务业发展的人性化特点主要表现在:①人性化服务,即企业能够为消费者提供人性化服务;②人性化管理,即企业对内部员工采用的是人性化的管理理念。其目的在于为企业员工营造一个良好的工作氛围,以便更加有效地实现对客户服务。它是将挖掘人的潜能作为主要任务的一种管理模式。它是一种将人性学的基本理论应用到管理实践当中来的价值理念。在考虑消费者需求的同时,也要考虑到员工的价值需求。

人性化服务最重要的就是分析消费者特点和细分消费者需求,根据不同需求来进行服务流程和服务方案的设计。人性化服务还要考虑到的一点就是重视细节,细节很容易被忽视,而事实往往就是赢得细节就赢得成功。现代服务企业只有实施人性化服务和执行人性化管理,才能赢得顾客忠诚和员工满意,最终实现双赢。

(四)科技化

科技和先进工具的发展已经在一定程度上引起了服务性质的改变。通过利用现代咨询技术,将企业资源与内部流程紧密结合,一方面可以提升管理效率和增强企业竞争力;另一方面,现代服务企业也需要不断进行服务产品的研发创新,从而给消费者全新的服务体验,这些都需要信息技术提供科技支持。

事实上,信息科学技术究其本质而言,也是属于现代服务业的范畴。当然,科技化并不排斥人性化,不能认为在现代服务业中大量引进现代科学技术会对人性化服务理念产生影响。因为科学技术特别是互联网技术在服务企业的大量使用,可以缩短一些以往比较烦琐的耗费大量人力资源的时间,使得服务企业的管理者和员工有更多时间和精力去关注服务中较为细致的关键环节,从而能进一步提高消费者满意度。在一些比较烦杂的环节使用信息技术,一方面可以减少人工出现的错误,另一方面又能节省时间,往往能起到事半功倍的效果,事实上并不会影响到服务的人性化。

第二节　现代服务业的特点和功能

一、现代服务业的主要特点

现代服务业与传统服务业同属于服务业的范畴,因此,它也拥有传统服务业所具有的特性,如服务产品的无形性、异质性、不可储存性等。但与此同时,它还拥有不同于传统服务业的特性,也正是因为这些特性的存在,才将其称为现代服务业。

(一)高素质人才

现代服务业发展的"软件资源"离不开高素质人才。现代服务业是以高新技术为主要特征的,现代高科技技术只能为现代服务业的发展提供硬件方面的支持。除此之外还必须拥有高素质、专业化的人才,才能有效地驾驭这些硬件资源。

现代服务业需要与客户进行大量的交互活动,这些交互活动对于专业知识和业务能力的要求较高,高素质人才已经逐渐成为现代服务业投入最高的成本。而且现代服务业的竞争逐渐演变成为人才之间的竞争,是否拥有高素质人才已经成为决定现代服务业经营成败的关键,目前很多现代服务业在人才招聘方面都要进行一个全方位的测试。

(二)高技术含量

现代科学技术是现代服务业中的"现代"所重点强调的,因为现代服务业的发展正是依赖于专门领域的专业性技术知识的增长,从而向社会和用户提供以知识为核心的中间产品或者服务。现代服务业中包含着以新技术、新知识的应用为基础的知识密集型服务业,如IT服务业;还包含着通过使用现代科学技术对传统服务业进行改造升级后的新兴服务业,如金融业等。

信息技术的发展,使得现代服务业成为使用现代信息技术最多也最为广泛的产业之一。同时,现代服务业中大量使用现代信息技术在某种程度上也对科学技术的发展起到了促进作用。

(三)高集群性

现代服务业有其特定的符合自身条件的区位选择。在空间分布上,现代服务业主要集中在大城市的中央商务区,如纽约、洛杉矶、伦敦、东京等已经建设了国际性的现代服务业发展中心;在中国的香港、上海也正在致力于打造现代服务业发展中心,见表1-1。

表1-1 部分国际大都市现代服务业集聚程度

城市功能	纽约	伦敦	东京	巴黎	芝加哥	米兰	法兰克福	日内瓦	新加坡	香港
跨国总部或区域聚集地	显著	显著	显著	一般	显著	不显	显著	不显	一般	一般
国际经贸中心	显著	显著	显著	一般	显著	显著	一般	不显	显著	显著
国际信息枢纽	显著	显著	显著	显著	显著	显著	一般	不显	一般	一般
国际物流中心	显著	显著	一般	显著	一般	不显	显著	不显	显著	显著

城市功能	纽约	伦敦	东京	巴黎	芝加哥	米兰	法兰克福	日内瓦	新加坡	香港
国际制造业中心	一般	一般	显著	一般	显著	不显	一般	不显	不显	一般
国际观光、会议中心	显著	显著	一般	显著	一般	不显	显著	不显	一般	一般
国际文化与科研中心	显著	显著	一般	显著	不显	一般	一般	不显	不显	一般
外国籍人口聚集地	显著	显著	一般	显著	一般	不显	一般	不显	不显	一般
国内经济中心	显著	显著	显著	显著	一般	显著	一般	一般	显著	显著
国内金融中心	显著	显著	显著	一般	显著	不显	显著	不显	显著	显著
国内物流中心	显著	一般	一般	一般	一般	一般	显著	一般	显著	显著
国内文化与科研中心	显著	显著	显著	显著	不显	一般	一般	一般	显著	一般

现代服务业之所以一直倾向于集中在大城市的中心商务区，主要是基于以下几个因素的考虑：

（1）大城市客户资源较为丰富。大城市居民消费水平相对较高，对服务的需求也较大。根据马斯洛的需求层次理论，人只有在基本生存需求得到满足之后才会进一步产生精神层面的需求。与此同时，从企业区位具体选择的角度来看，中心城市与客户之间的距离更为接近，便于服务的有效完成。

（2）大城市相对而言有着比较良好的基础设施。大城市中具有良好的基础设施，相对开放的经济政策和管理制度，在一定程度上为现代服务业的发展创造了良好的外部条件。

（3）大城市还是人才、技术和资金等资源汇聚的一个综合性场所，这些都能在一定程度上为现代服务业的发展提供必要的人才、资金、技术的鼎力支持。

(四)高附加值

学术界以往对服务产品的价值及其衡量标准，一直存在着较大的争议。事实上，现代服务业处在整个利润链的最高端，是获得利润的极为有效的途径。

随着人们对体验消费的日益重视，在发达国家中，很多行业

80%的利润都来自于服务过程,而非生产过程。尽管最大的销售额依然来自于制造业,但是销售额并不意味着利润,相反,高利润来自于服务行业。

与传统服务业直接面向消费者相比,现代服务业所产出的服务产品往往是中间产品。然而,不能忽视这个中间产品在价值增值中发挥的巨大作用,正是这个中间环节,使得最终消费品大大增值。

二、现代服务业的主要功能

(一)提高生活水平

现代服务业的快速发展,不仅使得城乡居民的收入得到了一定程度的提高,还在很大程度上为居民提供了更多消费方式和更优质的服务,如保健服务、交通通信、文化、教育、娱乐等。这都大大改善了居民的生活条件和生活方式,满足了人们对于生活、娱乐等较高层次的需求。目前,中国居民在医疗保健、交通通信、文化教育、体育、旅游等方面的消费支出已经达到了其全部支出的1/2左右。

(二)促进经济发展

初步测算,"十三五"期间,我国服务业潜在增长率为8%左右,按服务业贡献率50%~55%计算,可拉动GDP增长4.0~4.4个百分点,比"十二五"期间多贡献约0.5个百分点。

近年来,我国服务业快速发展,已成为国民经济第一大产业。数据显示,服务业占GDP的比重不断提高,同时,现代服务业的发展,提高了整个国民经济的运行效率,并在一定程度上缓解了市场经济发展中的各种矛盾,促进了整个国民经济的协调发展。

(三)优化产业结构

随着现代服务业的快速发展,整个服务业总量和规模在不断扩大,中国第一、二、三产业增加值的构成比例以及这三大产业的就业结构都发生了重要的变化。最近十几年,尽管中国服务业增加值在国内生产总值中的比重出现了震荡,特别是受 2008 年金融危机的影响,服务业的比重存在一定程度的下滑,但是总体而言,中国三大产业发展不协调的矛盾已经有所缓解,整个国民经济的结构在一定程度上得到了优化升级。

三、现代服务业的创建模式

(一)原创型

所谓的原创型模式,具体是指部分来自科研机构、高等院校以及知名企业的资深专家,利用自己多年在某一领域的研究专长及从业经验创建的具有现代服务业特征的新型企业。

很多计算机软件企业、网络策划公司都是起源于这种模式,这些创业者们大都掌握某一专业领域的独门"武功秘籍",这些"秘籍"正是他们创立现代服务企业的专业基础。

除此之外,还有很多咨询公司最初也是通过这样一种模式创立,然后才逐渐发展壮大的。比如,国际知名的管理咨询公司 CSC Index 就是由最早提出企业流程再造理念的两位学者米歇尔·哈默和詹姆斯·尚皮创办的。

(二)派生型

1. 由政府、教育机构和科技园派生

它主要是指政府部门迫于财政预算压力,将原来具有公共服务性质的部门推向市场,使之转变成为具有商业性质的服务企业,如一些民营的高等教育机构、远程教育机构和科技园等。以美国为例,现有的多家直接从事咨询服务的企业,有将近 10% 来自于大学,作为斯坦福大学下属机构的美国斯坦福国际研究所就

是其中之一,它实行的是董事会和理事会管理制度,其成员则来自于科技界、教育界、企业界和政界。

2.由企业内部某一特殊部门派生

这一模式的出现是由于企业内部某一向其他部门提供特定服务的部门,其功能在发展过程中逐渐"外部化",能够面向更大规模的市场提供更为专业化的服务。这一模式在 IT 服务、营销策划及工程服务等领域比较常见。比如,宝洁公司就通过与 Worldwide Magnifi 有限公司合资创建了一家独立的公司来提供专门的营销咨询服务,而不是满足于建立一个专门的营销部门,将营销知识捆绑进汰渍的箱子里、佳洁士牙膏管中或者潘婷的瓶子里(见图 1-1)。宝洁全球营销经理鲍勃·威灵说:"创建这家新公司的目的是与宝洁要从研究开发发明和营销实际知识等核心资产中获得更大财务价值的愿望相一致的。"

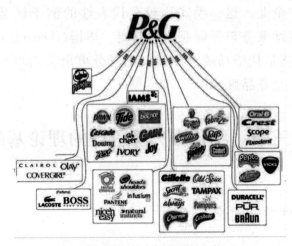

图 1-1　宝洁公司的相关品牌

(三)重组型

1.内部改造型

具体是指传统服务型企业或者先进的制造业部门通过使用

现代科学技术和管理理念对企业进行重新定位改造而成的现代服务企业。比如,很多大型IT企业最初定位为制造企业,通过不断经营发现,其利润来源大部分存在于软件和系统整合的服务功能中,因此它极有可能通过内部业务流程再造将其自身定位为现代服务业。

IBM公司就是这种模式的典型代表之一。IBM曾是PC制造业的龙头,经过不断发展和探索,现在则将其业务集中在服务领域,旨在为客户提供一整套的解决方案。目前IBM公司通过服务所获得的营业收入已经超过软硬件及其他部门,占到公司营业收入总额的59%。

2.优化重组型

具体是指原有涉及领域较为广泛的现代服务企业,迫于市场的专业化需求和政府政策的压力,将某些领域进行重组并拆分为相对独立的企业。这一模式比较有代表性的例子就是四大会计师事务所审计业务与咨询业务的分离。毕博(Bearing Point)管理咨询公司,就是从毕马威会计师事务所分离出来而单独成立的一个新的服务企业品牌。

第三节 现代服务业管理的理论基础

一、现代企业理论

科斯(Coase)最早提出了现代企业理论,它又被称为"企业的契约理论"(The Contractual Theory of The Firm),该理论在过去的20年里发展极为迅速,是主流经济学研究中最富有成果的理论之一。它与博弈论、信息经济学、激励机制设计理论及新制度经济学相互交叉,极大地丰富了微观经济学的研究内容和研究领域,使人们对于市场机制及企业运行制度的认识有了进一步的改进。

企业是一系列（不完全）契约（合同）的有机组合，是人们之间进行产权交易的一种方式，是现代企业的核心观点。该理论认为企业之间是一种人与人的交易关系，同时企业行为是所有企业成员及企业与企业之间博弈的结果，这里的企业成员的目标函数是指约束条件下的个人效用最大化。

现代企业理论主要针对以下三个问题进行解决：一是企业为什么存在，企业的本质是什么，如何界定企业与市场的边界；二是什么是企业所有权（Ownership）或委托权（Principalship）的最优安排，企业内谁应该是委托人（Principal），谁应该是代理人（Agent）；三是委托人与代理人之间的契约是如何安排的，委托人如何管理和控制代理人。对于上述问题的不同回答将现代企业理论分成了两个分支：①交易成本理论侧重于研究企业和市场之间的关系；②代理理论则侧重于研究企业内部组织结构与企业具体成员之间的代理关系。两者都对企业的契约性契约的不完全性及由此导致的企业所有权的重要性进行了强调。

学界通过运用现代企业理论对现代服务企业性质及其本质进行了深入研究。这在一定程度上来说，有助于引导企业按照经济学的客观规律来进行生产经营活动。

二、柔性管理

"柔性管理"是相对于"刚性管理"提出来的一种人性化管理的方法。关于"柔性管理"，早在《墨子攻略》（见图1-2）中就有运用。它是依据企业共同的价值观和文化、精神氛围进行的人格化管理，它是在研究人的心理行为规律的基础上，采用非强制性方式，在员工心目中产生一种潜在的说服力，从而把组织意志变为一种发自个人内心的自觉行动。

图1-2　《墨子攻略》

在实施柔性管理的过程中,有三大要素必须同时具备:人、组织结构和信息。人是最具柔性的资源,因为人是企业的主体,人通过自己的创造能力、选择能力和分析能力具备了柔性,同时人能够主动地感觉、学习和适应环境;合理的组织结构能够促进企业各个环节的柔性,使其适应外部环境的变化;信息是企业获取柔性、实施各项措施和行动的强有力支持,快速收集、存储、传播信息有助于企业迅速作出正确的决策并付诸实施。

因此,企业应该与消费者建立起一个有效的沟通渠道,生产能够使消费者得到满足的需求产品,同时企业还应加强内部组织之间的交流,尽量减少组织之间的信息不对称。

尽管汽车制造业最早提出了柔性管理,并在劳动密集型且产品以劳务为主的制造型企业中发挥了重要作用,但这不意味着它无法应用于现代的服务业。从本质上,它要求企业在管理上更多地从人性管理的角度出发,创造出一种具有凝聚力和向心力的企业精神和企业文化,从而更好地激发员工的积极性和创造性。

三、风险管理

1930 年,美国宾夕法尼亚大学的所罗门·许布纳博士在美国提出了"风险管理理论"。该理论是指企业在科学、系统、全面的风险管理措施保障之下,通过科学地实施风险识别、评估、控制与预防,以最小的成本达到最大的安全保障的管理过程。该理论提出后受到各国政府以及经济学界、企业家的重视,因此迅速发展成为一门新兴的管理学科。

对于现代服务业而言,其所处环境具有较大的变数,因此风险是在所难免的。企业所面临的风险一般包括决策风险、财务风险与运营风险。现代服务企业风险的大小主要是由其实际产出和预期目标之间的差距决定的。对现代服务企业面临的不确定性进行更为积极主动的管理,从而使企业以更加有效的方式达到目标并完成其使命是风险管理的目的所在。

虽然,现代服务企业所面临的风险带有很多不确定性和偶然性,但是积极应对风险的措施和步骤依然是有章可循的,主要包括:建立风险管理的机构、设定风险管理的目标、对风险进行有效测评、控制风险活动、进行信息沟通与反馈等。根据现代服务业面临风险的具体情况,还可以进一步将风险处理的对策与方法分为风险防范、风险回避、进一步减少风险、接受风险、转移风险等,也就是说,要尽最大努力将风险的影响减小到最低程度,从而保持现代服务业的持续发展能力。

四、核心能力

1990年,美国学者普拉哈拉德和英国学者哈默在《哈佛商业评论》上发表的《企业的核心竞争力》一文中提出了核心能力,并且正式确立了该理论在管理学上的理论和实践地位。核心能力又被称为核心竞争力,普拉哈拉德和哈默认为:"核心能力是在组织内部经过整合的知识和技能,尤其是关于怎样协调多种生产技能和整合不同技术的知识和技能。"

通常而言,企业自身核心竞争力的形成需要经过企业内部资源、知识、技术等的长期积累和整合,并且要等到这些资源显现出其价值性、稀缺性、异质性、垄断性等特质时,企业的核心竞争力才会真正被展示出来。企业核心能力理论认为企业竞争力来自于企业的竞争优势及其持续性。企业竞争优势是以企业资源和能力作为基础支撑的,持续竞争优势则来源于企业核心能力,因此,企业要表现出其长期竞争优势,必不可少的条件就是企业核心竞争力。

五、管理信息化

信息时代的到来以一种前所未有的速度改变了企业的经营方式和人们的消费观念,企业管理信息化正是应这一变化而产生的。随着网络技术的不断发展，它们为企业管理信息化提供了技术支持，并导致了管理的信息化。企业的信息化也经历了几个发展阶段，目前正朝着网络化、信息技术集成化的方向发展。企业管理信息化实现了从个人计算机到群体计算机网络、从孤立系统到联合系统以及从内部计算机网络到跨企业计算机网络的飞跃。

管理信息化在很大程度上对企业做出了重要的贡献，它使企业能够突破传统生产模式的限制，灵活地安排企业内部资源，高效率地完成客户需要的产品，同时，可以节约大量的原料和劳动力成本。

目前来看，现在出现的虚拟企业也是基于信息技术诞生的，是管理信息化的最直接应用。它是指通过信息技术连接和协调把不同地区的现有资源迅速组合成一种超越时空约束、依靠信息网络手段联系和统一指挥的经营实体，以最快速度提供高质量、低成本的产品和服务。

六、项目管理

对于项目而言，它其实是一项独特的具有主体性的工作。在现代经济社会中项目随处可见，常见的有贸易洽谈、研讨会、联谊活动等。项目具有目标性、独特性、约束性、对象性、风险性、不可逆性等特点。它要求人们按照某种特定的规范及应用标准去导入或生产某种新产品或新服务。

由于项目的广泛存在，项目管理也逐渐被提炼成了一种现代化的理论模式。项目管理是 20 世纪 50 年代管理学的一个重要分支。所谓项目管理，就是在特定的组织环境中，为有效实现项目的特定目标而制定的一整套原则、方法、辅助手段和技巧。企业项目管理强调企业不同部门的合作，通过整合资源，使得企业任务得以完成。

现代项目管理与传统的经验性项目管理有很大的区别，主要体现在管理理念、管理组织、管理方法和管理手段上。因为项目管理是在有限的资源条件下进行的,所以它具有复杂性、创造性、专业性等特征。

七、业务流程再造

美国麻省理工学院的计算机教授迈克尔·哈默提出了业务"流程再造理论",它是一种重要的管理思想,此概念的产生对于传统的改善生产经营系统、管理组织结构的思想都提出了一定的挑战。该思想一直以来强调以业务流程为改造对象和中心,以关心客户的需求和满意度为目标,以对现行的业务流程进行根本的再思考和彻底的再设计,并且利用先进的制造技术、信息技术以及现代化的管理手段,最大限度地实现技术上的功能集成和管理上的职能集成,从而实现企业经营在成本、质量、服务和速度等方面的巨大改善。其中心就是认为企业必须采取激烈的手段,彻底改变工作方法,服务管理业务流程如图 1-3 所示。

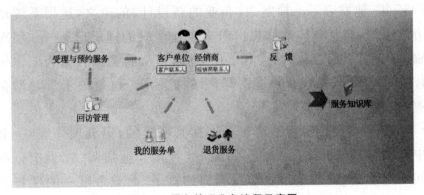

图 1-3 服务管理业务流程示意图

业务流程再造对企业起到的作用主要体现在:①它使企业能够更加全面地贴近市场,了解市场需求,并对市场的变化作出及时的反应;②有助于减少成本,业务流程再造将全面质量管理贯穿于整个过程之中,从市场调研就开始注意成本的投入,剔除了无效作业,从而降低了成本;③全面提升了质量;④进一步提高了业务质量和水平。

八、学习型组织

对于全球的各个企业而言,无论运用什么理论来进行管理,都可以被归结为两种类型企业:①等级权力控制型企业;②非等级权力控制型,即学习型企业。

以等级为基础,以权力为主要特征是等级权力控制型企业的最大特点,它是一种垂直单向线性系统。它极力强调制度在企业中具有的重要作用,这种权力控制型企业管理模式在工业及工业时代前期发挥了重要作用。但是在进入知识经济、信息经济时代后,这种管理模式却难以适应科技发展和市场变化的需要。很多管理学家、经济学家开始探讨一种能够顺应发展需要的新的管理模式,即非等级权力控制型管理模式,而学习型组织理论在这样的背景下应运而生。

美国麻省理工大学佛瑞斯特教授最初构想了学习型组织。1965 年,他发表了一篇题为《企业的新设计》的论文,运用系统动力学原理,非常具体地构想出未来企业组织的理想形态——层次扁平化、组织信息化、结构开放化,逐渐由从属关系转向为工作伙伴关系,不断学习,不断重新调整结构关系。这是关于学习型企业的最初构想。

1990 年美国学者彼得·圣吉在其所著的《第五项修炼》一书中首次将其理论化、系统化,如图 1-4 所示。他强调"21 世纪企业间的竞争,实质上是企业学习能力的竞争,而竞争唯一的优势是来自于比对手更快的学习能力。"由此,学习型组织受到越来越多企业的推崇。

所谓学习型组织,其实就是一种通过培养整个组织的学习气氛、充分发挥员工的创造性思维能力而建立起来的有机的、高度柔性的、扁平的、符合人性的、能持续发展的组织。这种组织通常来说,具有持续学习的能力,具有高于个人绩效总和的综合绩效。

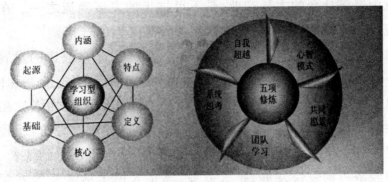

图 1-4 学习型组织与五项修炼

"学习型组织"理论认为,要把企业从传统的"权力控制组织"改造成为"学习型组织",必须进行五项修炼:①建立共同的愿景目标,目的是建立生命共同体,它包括企业愿景、企业价值观、企业目的和使命以及具体目标等内容;②加强团队学习,目的是激发群体智慧,强化团队的向心力;③改善心智模式,这项修炼要求企业领导者和职工打破旧的思维障碍,用创新的眼光看世界;④培养系统思考能力,将企业看成一个系统,考虑问题既要看到局部,又要顾及整体;既要看到当前利益,又要兼顾长远利益;⑤追求自我超越,鼓励人们不断挑战自我,挖掘潜力,实现人生价值。

第四节 现代服务业的发展现状和趋势

一、现代服务业的发展现状

(一)国内外现代服务业发展现状

1.国内现代服务业发展现状

现代服务业属于信息密集型和知识型的服务行业,它崛起并成为经济社会的主导产业,是不可抗拒的发展潮流之一。在我国现代化建设中,加快发展现代服务业是必然的选择。

我国服务业自改革开放以来,就取得了非常快速的发展。服务业内部结构得到了比较好的改善,比如物流配送、金融保险、信息服务、工业设计、中介服务在经济中的作用明显加强。在消费性服务业中,新兴的业态、新兴的产品不断涌现。现阶段,我国现代服务业正在迅速崛起,规模逐渐扩大,结构不断得到改善,在促进经济协调较快发展、扩大就业、满足人民生活需要等方面发挥了积极作用。

即使如此,我国现代服务业的发展仍存在很大的不足,服务支撑体系不完善,结构不合理,技术含量低,缺乏国际竞争力,劳动力要素在服务产业中重视度不够等。针对这些问题,国家在《中共中央关于制定国民经济和社会发展第十一个五年规划的建议》中,从战略的高度提出了我国服务业发展的总体思路:制定和完善促进服务业发展的政策措施,大力发展金融、保险、物流、信息和法律服务等现代服务业,积极发展文化旅游、社区服务等需求潜力大的产业,运用现代经营方式和信息技术改造传统服务业,提高服务业的比重和水平。

坚持市场化、产业化、社会化的方向,建立公开、平等、规范的行业准入制度,营利性公用服务单位要逐步实行企业化经营,发展竞争力较强的大型服务企业集团。大城市要把发展服务业放在优先地位,有条件的要逐步形成以服务经济为主的产业结构。

2.国外现代服务业发展现状

在全球经济由工业经济向服务经济转型趋势加快的背景下,现代服务业成为各国竞争力的关键因素。美国、英国、日本等国政府均出台了相关的政策措施推动区域现代服务业发展。政策涉及推动产业发展、税收优惠减免、优化基础环境、开放服务业市场等各个方面。

在美国,"9·11"事件后,纽约为振兴曼哈顿现代服务业,出台了一项包括商业振兴项目和曼哈顿能源项目两部分的经济振兴计划。提出对曼哈顿地区符合条件的商务楼宇,给予房地产税和商业租税的减免优惠。形成良性循环的区域产业链是美国现代服务业得以发展的重要因素。纽约服装产业、好莱坞电影业、硅谷电子产业都在区域内形成了良好运转的产业链结构,研发、设计与制造形成一体化运作,保障了产业的稳定发展。而硅谷区域内的创新环境,形成了高端电子产业环节与以风险投资、软件开发、研发设计为主的现代服务业紧密结合的产业链结构。

全球最大的服务贸易经济区就是欧盟,这也是仅次于美国的世界第二大服务经济体,形成产业集群是欧盟各大都市的一个主要发展策略。伦敦金融城在 1.4 平方千米的范围内积聚了 500 家外国银行、180 多个外国证券交易中心,每日外汇交易量达 6300 亿美元,是华尔街的两倍;目前,伦敦是世界三大金融中心之一,是全球最大的国际保险市场、场外金融交易市场、基金管理中心和外汇交易市场;另外,在金融城周边的内伦敦地区,形成了英国的商业中心、行政中心拥有商业建筑面积 160 多万平方米,仅零售销售额就能达到年均 50.5 亿英镑。

目前,第三产业占日本 GDP 的比重已经达到 63% 以上。从第三产业的贡献度看,批发零售、租赁与汽车服务、信息与通信业占据前三位。高端要素的高度集聚造就了东京现代服务业的强势地位。东京地区生产总值一直占日本 GDP 的 30% 左右,全日本资产超过 10 亿日元的大公司有近一半在东京,45% 以上的上市企业也集聚于此;信息发布占到全国 1/3 以上,网络服务的集中度高达 80%;银行在东京所发放的贷款占到其融资总额的 41%,证券交易更是占了 86%。东京是日本的金融和管理中心,同时也是世界第三大金融中心,是日本最大的商业、服务业中心,第三产业占地区生产总值的比重达到 80% 以上。

为了能够积极推动现代服务业的发展,世界各国政府也在一定程度上为现代服务业提供了各种各样的政策倾斜,从而为现代服务业提供一个良好的环境,大力推动现代服务业的发展。

(二)现代服务业发展的决定因素

1.市场化

现代生产者服务的外部化进程与专业化发展,主要取决于市场需求的强度和实际容量。在政府进一步加快放松管制的市场化改革下,也能进一步促使现代服务业迅猛发展。

2.物质化

知识的物化必须通过机器设备、数据存储介质等硬件来实现。现代复杂的机器设备一方面包含了人类积累的丰富知识,另一方面又通过生产更高级的机器来实现人类知识的叠加和放大。由于知识的生产及物化在专业化分工体系中是由现代生产者服务部门承担的,所以,向商品生产部门源源不断地投入各种形式的知识资本和人力资本,就成为这个部门的基本职能。

3.迂回化

在现代经济发展过程中,生产过程的迂回化特征和智力资本在其中的巨大作用表现得越来越明显。举例来说,相对于用简单工具建设道路而言,通过使用高级机械和测量设备来建设高速公路,就是迂回化生产。生产过程越是迂回化,产业链就越长,附加值就越高;知识资本和人力资本投入就越大,作为中间投入的生产者服务也就越重要。而生产者服务正是把智力资本引入商品生产部门的通道和飞轮。

4.专业化

专业化生产者服务具有报酬递增的规模经济性,同时还有利于实现专业化分工效应。与垂直一体化的内部生产相比,专业化生产的成本更低、效率更高,也更具有竞争优势。现代生产者服务业发展中的"外包",就是基于竞争压力和充分运用比较优势作出的理性选择。

第二次世界大战以后大多数发达国家通过不断完善市场规则、降低交易费用,促进了生产者服务的专业化发展。而我国目前由于市场信用差、交易费用高,缺乏分工协作等现代意识,许多生产者服务都是由企业内部自行提供的。

5. 标准化

只有实现服务技术和产出的标准化,服务企业才会更容易实现复制式扩展,取得规模经济效应,实现从依赖个人经验的作坊式生产向社会化大规模生产的转变。例如,麦当劳做成了标准的大规模连锁企业,而很多美誉度、知名度极高的中餐厅却因未能标准化而只能长期维持单体店规模。这个对比案例是很有说服力的。

6. 信息化

信息产业发展本身就代表着现代服务业的发展。现代信息技术的广泛运用及其对传统产业的改造,正是走新型工业化道路的要求。因为信息化既可以创造对服务业的巨大市场需求,又可以显著提升制造业和服务业的技术水平,改变现代产业竞争的基础。

(三)现代服务业发展的政策模型

波特钻石理论模型(Michael Porter Diamond Model)是一种与现代服务业发展最直接相关的战略模型。美国哈佛商学院著名的战略管理学家迈克尔·波特提出了"钻石模型"。该模型用于分析一个国家某种产业为什么会在国际上有较强的竞争力。波特认为,有四个因素决定一个国家某种产业的竞争力:①生产要素:包括人力资源、天然资源、知识资源、资本资源、基础设施。②需求条件:主要是本国市场的需求。③相关产业和支持产业的表现:这些产业和相关上游产业是否有国际竞争力。④企业的战略、结构、竞争对手的表现。

波特认为,这四个要素之间具有一定的双向作用,从而能够进一步形成一个全面、系统的钻石体系(见图1-5)。

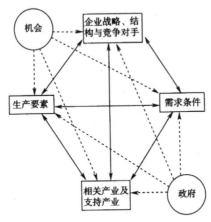

图1-5　波特钻石理论模型图

波特通过进一步将产业竞争力置于企业、产业和国家这三个主体的互动过程中进行相关的分析,认为特定产业是否具有竞争力主要取决于如下四个因素:生产要素(包括人力资源、自然资源、知识资源、资本资源、基础设施等);需求条件(包括需求结构、消费者的行为特点等);相关与辅助产业的状况和企业战略;结构与竞争对手。

而且,在四大要素之外还存在两大变数:政府与机会。政府政策的影响是不可漠视的,机会是无法控制的。基于波特的"钻石模型",一个地区要想制定出行之有效的现代服务业发展政策,就要做好如下两点:一是在详尽分析生产要素、需求条件、相关与辅助产业的状况、企业特点的基础上,识别出最具有发展比较优势的现代服务业;二是创造条件弥补上述四方面因素中相对薄弱的环节,使四因素能协调地发挥功能。波特认为,在钻石体系中,每个因素最终能够发挥多大的作用,在很大程度上依赖于其他因素的表现,任何一个方面出问题,都会对于整个产业进步与升级的潜力形成限制。

虽然波特的"钻石模型"是公认的经典产业分析框架,但它以

"一己之力"远不能胜任各地区制定现代服务业发展政策的理论基石的角色。因为根植于哈佛学派 SCP(Structure-Conduct-Performance)分析范式的波特"钻石模型",有着同 SCP 分析范式一样的弊端,那就是分析方法是静态的和单向的。用该理论指导各地区制定现代服务业发展政策,虽比较全面地考虑了制约现代服务业发展的因素,但却忽略了现代服务业的发展对这些制约因素的反作用。

事实上,完全存在这样一种可能:通过发展在当初看来本不具备比较优势的现代服务业,借助现代服务业强劲的外溢效应这个"反向通道",改善初始的生产要素、需求条件、相关与辅助产业状况以及企业特点,使二者在新的水平上实现匹配,刺激经济达到更优的均衡。也就是说,事前貌似不理性的决策,在事后看来是完全符合经济理性的。

为了针对上述的发展路径进行一个整体的概括,各地区在制定现代服务业发展政策时,有必要引入关于动态的观念。在进一步分析现代服务业发展面临的资源条件时,注重分析现代服务业同这些资源条件的互动效应,优先发展那些最能实现"能够做的"同"可能做的"之间动态匹配的现代服务行业。只有这样,才能最大程度保证该地区企业的生产成本、交易成本、营销成本有可能持续超过竞争对手,从而制定出理性的现代服务业发展的具体政策。

二、现代服务业的未来发展趋势

(一)现代服务业集聚区

1. 现代服务业集聚区的概念

对于现代的服务业集聚区来说,主要是以某一服务产业为主体,相关服务产业相配套,产业特色鲜明,空间相对集中,具有资源集合、产业集群、服务集成的功能,现代服务业集聚度能够达到一定水平的区域。

2. 现代服务业集聚区的主要特征

(1)众多同类或相关企业集聚。对于服务业集聚区而言,吸引多家企业入驻是非常有必要的,单个企业经营所形成的集聚空间不能算作服务业集聚区。入驻企业可以是同类企业,也可以是处于产业链不同位置的相关企业,以及有关配套服务的企业或机构,企业之间具有明显的相互关联和促进关系。通过企业集聚互动,可以较大幅度地使运营效率有所提高。

(2)共享公共服务平台。所谓的公共服务平台,主要是集信息服务、技术支持等多种功能于一体的重要载体。一般情况下,服务业集聚区内企业通过共享公共服务平台,可以在更大范围内整合资源,从而使资源配置能力和辐射带动能力有所提高。

(3)兼具专业性和综合性等多种类型。服务业集聚区有的是倾向于专业性的,如物流园区、科技创业园等,以某一产业为主导,其他相关产业作为配套;也有的是偏向于综合性的,如综合性生产服务集聚区,依托产业园区或产业集群集聚多种类型的服务企业,提供全方位的服务。

3. 现代服务业集聚区的主要类型

(1)中央商务区(CBD 或微型 CBD)。通常来说,主要是以城市经济为核心,以金融、商贸、商务活动为主体,高级酒店、高级零售和高级公寓相配套,企业总部、地区总部集中,交通通达性良好的城市中心区域。

CBD 对城市的经济、科技和文化力量进行了高度集中,同时具备金融、贸易、服务、展览、咨询等多种功能。CBD 是一个国际大都会的名片,具有超强的跨区域乃至跨国的经济辐射力,如纽约曼哈顿、伦敦金融城、巴黎拉德方斯、东京新宿、香港中环、深圳福田 CBD 等。

（2）现代物流园。主体主要是现代物流产业，以物流园区建设为主要的一种形态，一般重点布局在城市规划区和工业开发区内，从而形成社会化加工、配送、分拣、包装、仓储、运输、货代、信息有效集中的区域。物流园区以集聚第三方或第四方物流企业为主，在提供仓储、运输等传统服务的同时，拓展保税物流、仓单质押、信息整合等服务。

园区布局主要有两个倾向：一是依托交通枢纽布局，倾向于布局在邻近机场、港口、铁路站场、公路结点等区域；二是围绕需求中心布局，倾向于布局在产业集群、开发区（园区）、专业市场和中心城市近郊等区域。

（3）创意产业园。通常是以研发设计创意、建筑设计创意、文化传媒创意、咨询策划创意和时尚消费创意等企业为主体，以城市内的保护性开发建筑或存量土地为载体，通过创意设计和改造，进而成为激发创意灵感、吸引创意人才、集聚创意产业的重要场所。

创意产业园布局一般比较倾向于专业人才集中、具有历史文化特色资源以及生态环境良好的区域，主要利用工业遗存和历史建筑改造形成。

（4）科技创业园。主要是以科技创业为重点，以技术公共服务平台和产业孵化为载体，为各类中小企业提供各类专业技术服务，集技术检测、技术推广服务、工程和技术研究与试验、成果转化等功能于一体的区域。

科技创业园主要依托科技资源集中区和产业需求区布局，把科研机构与本地需求有机结合起来。一是布局在高技术新产品生产制造基地，依托生产制造业的研发需求形成集中布局。二是邻近理工类院校等研发人才集中区布局，或者直接设在院校内部。

（5）服务外包基地。服务外包基地主要包括软件和金融后台业务等的服务外包。如软件服务外包基地布局倾向于科研力量集中、软件产业已具备一定规模的地区，与知识要素分布紧密相关。通过整合软件企业、高校和相关研究机构,承接国际软件服务外包,发展嵌入式软件、集成软件等相关产业。

(6)文化商贸旅游区。一般来说,或以商业为核心,或以旅游为核心,形成集购物、旅游、娱乐、休闲、餐饮等多种功能为一体的建筑群体或区域。随着经济发展水平的提高,居民对文化、商贸、旅游等服务的要求也不断提高,更加注重服务的综合性和配套性。

文化商贸旅游区的具体形式可以多种多样,主要有三种模式:一是超大规模购物中心(Shopping Mall)模式,即依托传统商贸业拓展服务功能,形成具有多种业态的建筑;二是特色街区模式,即依托历史文化等特色资源,建设主题鲜明的街区;三是景区拓展模式,即依托旅游景区,集聚住宿、餐饮、休闲等经营主体。

(二)信息技术在现代服务业中的应用

1. 信息技术促进了传统服务业的转型升级

对信息技术的普遍应用有利于进一步推进传统服务业向现代服务业的转变。服务业的特性决定了其发展对于信息的依赖程度远大于其他产业。信息技术在传统服务业中的推广应用,为服务业中信息的快捷、畅通流动奠定了基础,有助于推动服务业信息化水平的提高,促进服务业效率和效益的增长,实现传统服务业的改造和升级。

信息技术的应用将改进传统服务业的提供方式,扩大服务的内容和领域,使以往单一领域中的服务行业能够跨越多个领域提供服务,使传统的生产服务、消费服务和公共服务之间的界限变得模糊。

2. 信息技术全面融入现代服务业发展环节

在服务创新领域,有95%的金融创新是基于信息技术,信息技术在催生了电子商务的同时,也创新了连锁商业模式。在服务生产领域,金融服务业的在线证券交易、支付交易已离不开信息技术;现代物流业的业务过程监控、运输网络优化已建立在信息技术基础之上;电子医疗设备的检测、诊断、治疗是医疗服务的基本要求。

在服务销售环节,金融领域呼叫中心、网络银行、电话银行、手机银行等成为服务销售基本途径。在商业连锁领域,电子订货(EOS)、电子数据交换(EDI)等成为企业之间服务的基本模式。在内部管理领域,几乎所有企业的管理都是建立在信息系统之上的:金融服务业的实时识别、度量和风险控制,现代物流业的分布式物流业务协同管理、物流监控网络和安全监管,医疗领域的HIS系统、医学影像系统(PACS)等都依赖于信息管理技术和网络。

3. 信息技术提高了现代服务业的运营效率

在信息经济时代,企业通过局域网(Locat Area Network,LAN)、外联网(Extranets)和接入互联网(Internet)进行信息的传播和交换。互联网不仅仅提供了丰富的网上资源和个性化服务,其内容还涵盖文化教育与艺术、科研与生产、休闲与娱乐、社会与经济、商业信息等各个方面。企业的购买与销售等商务活动可以利用互联网、电子订货系统、电话、传真等信息技术工具来完成,信息技术的使用提高了商务活动的效率。

以计算机作为搜集与处理信息的工具,对生产服务过程起到控制、检测与处理的作用,服务过程不再需要人工的手动操作,更多的工作是依靠以计算机技术为基础的信息系统的控制与管理,实现了服务过程的智能化与自动化。信息技术的使用,促进了服务型企业组织结构向扁平化发展,促进了管理幅度的增加与管理层级的减少。

总之,发展现代服务业应对现代信息技术服务业的发展有所重视,因为现代服务业与传统服务业存在的最大区别就在于对信息技术的应用和具体的渗透程度。

(三)世界现代服务业的发展特点

1.现代服务经济正在成为国家核心竞争力

(1)现代服务业是知识经济的主体,它的发展大大加快了信息流、资金流、技术流、人才流和物流,对提高国家经济整体运行效率和质量,增强国家创新能力,转变经济增长方式起到了关键作用。

(2)现代服务业是拉动经济增长的支柱。目前,发达国家服务业对 GDP 和就业贡献的增长主要源于金融、保险、房地产、商务服务业、专业服务业和信息服务业等,这类服务业属于知识技术密集型的现代服务业,因此具有较高的生产率。现代服务业的发展正是服务业经济不断深入的体现。而部分发展中国家,如印度连续数年经济增长率在 8％以上,成为仅次于中国的最有活力的经济体,这也主要得力于其现代服务业的发展。

(3)现代服务业是推动产业结构升级的关键。现代服务业的发展,推动了技术、新生产模式在产业中的渗透。随着现代服务业成为服务业经济时代的支柱产业,产业结构实现了向技术密集型的转变,产品结构也呈现出高技术化和高附加值化的特点,产业组织在经历了工业时代跨国化后,在服务业经济时代正呈现出全球化、网络化、虚拟化、协作化的新趋势。

2.国际化大都市成为各国现代服务业发展的"领头军"

国际化大都市作为经济全球化的产物,通常是指那些在国际政治、经济、文化生活中具有较强影响力、较大人口规模和集聚扩散能力的特大城市,一般具有全球或地区经济活动控制、协调和指挥的作用。国际大都市在国际社会生活中占有重要地位,具有一个或多个突出功能,其影响力和辐射功能超越地区、国界,对全球都有所波及。

目前,发展现代服务业已经成为我国经济保持持续快速发展的必然选择。而且,北京、上海等城市现代服务业的发展正在不断加速,向着国际化大都市迈进已经成为这些地区进一步发展的目标。对国外先进区域的现代服务业发展及布局状况进行深入研究,对于国家有效地协调现代服务业发展和区域经济发展两者之间的关系具有很好的借鉴意义。

(四)我国现代服务业的发展趋势

1.现代服务业分化与融合趋势明显

在技术不断进步、生产专业化程度进一步加深和产业组织复杂化的背景下,制造企业内部的非制造环节正在逐渐地分离出来,形成一种独立的专业化服务部门。

"微笑曲线"是对制造业企业服务环节分化的一种形象描述:其左端是研发、设计,右端是营销、售后服务,左右两端都属于分化出来的现代服务业行业;中间一段是生产和加工。服务业与制造业的融合,主要得益于信息技术的迅猛发展。信息技术孕育着未来重大技术的突破,也为现代服务业与制造业的融合发展提供了相应的基础和条件。

2.服务外包成为现代服务业国际化转移的重要途径

企业完全可以在新经济条件下,对信息化和全球化所带来的好处进行一定程度的利用,充分利用外部资源,把一些以前内部操作的业务,尽可能地交给日益完善的现代服务企业,让那些专业性服务机构去完成,即实现企业活动外包。通过这种竞争战略,企业的内部资源就可以专注于最具优势的领域,集中力量培养和提高自身的核心竞争力,在提高效率、降低生产成本的同时实现"瘦身",更趋精干。

3.现代服务业与先进制造业融合趋势明显

(1)绑定型融合。绑定型融合其实是指越来越多的制造业实体产品必须与相应的服务产品绑定在一起使用,才能使消费者获得完整的功能体验。消费者对制造业的需求已不仅仅是有形产品,而是从产品购买、使用、维修到报废、回收全生命周期的服务保证,产品的内涵已经从单一的实体,扩展到全面解决方案。很多制造业的产品就是为了提供某种服务而生产;部分制造业企业还将技术服务等与产品一同出售。

在实现绑定型融合的过程中,服务正在引导制造业部门的技术变革和产品创新。服务的需求与供给指引着制造业的技术进步和产品开发方向,如对拍照、发电邮、听音乐等服务的需求,这都在很大程度上推动了由功能单一的普通手机向功能更强的多媒体手机升级的过程。

(2)结合型融合。结合型融合是指在制造业产品生产过程中,中间投入品中服务投入所占的比例越来越大;同时,在服务业最终产品的提供过程中,中间投入品中制造业产品投入所占比重也是越来越大。这些作为中间投入的制造业或制造业产品,往往不出现在最终的服务或产品中,而是在服务或产品的生产过程中与之结合为一体。发展迅猛的生产性服务业,正是服务业与制造业"结合型"融合的产物,服务作为一种软性生产资料正越来越多地进入生产领域,导致制造业生产过程的"软化",并对提高经济效率和竞争力产生重要的影响。

(3)延伸型融合。延伸型融合是指以体育文化产业、娱乐产业为代表的服务业引致周边衍生产品的生产需求,从而带动相关制造产业的共同发展。电影、动漫、体育赛事等能够带来大量的衍生品消费,包括服装、食品、玩具、装饰品、音像制品、工艺纪念品等实体产品。这些产品在文化、体育和娱乐产业周围构成一个庞大的产业链,这个产业链在为服务业带来丰厚利润的同时,也给相关制造产业带来了巨大商机,从而把服务业同制造业紧密地结合在一起,推动着整个连带产业共同向前发展。

综上所述,当今世界已进入了一个服务经济时代。尤其是随着现代科学技术向服务业的加速渗透,服务业不断衍生出全新的发展方式,在现代经济发展过程中占有越来越重要的地位。

第二章　智慧金融

伴随着经济的高速发展,新兴科技正在与金融行业深度融合,整个金融行业的格局在悄然发生着改变,产品、服务、渠道、管理等正朝着更加便捷化、定制化和智能化的方向发展,各类以智能化为特征的创新模式不断涌现。受此影响,中国银行业的传统运作模式正在发生蜕变,加大开放与共享正逐渐成为主流,以顺应金融科技发展的浪潮。

第一节　互联网金融的发展

随着互联网的不断发展,互联网技术也在不断进步和创新,相继产生了大数据、云计算、物联网等新技术。在全新的互联网时代,人们对互联网的依赖程度不断提高,这也就造成了互联网金融的产生以及爆发式成长。

一、互联网金融兴起的原因

(一)互联网普及与技术支持

根据中国互联网络信息中心(CNNIC)发布的报告显示,截至2017年12月,我国网民规模达到 7.72 亿人,全年共计新增网民4074 万人,互联网普及率达到 55.8%,如图 2-1 所示。

图 2-1　中国网民规模及互联网普及率①

随着移动互联网的推广和普及,使用手机上网的用户也越来越多,手机网民的增长速度十分快,已经成为目前互联网用户增长的主要来源。截至 2017 年 12 月,我国手机网民规模达 7.53亿,网民使用手机上网的比例由 2016 年底的 95.1% 提升至97.5%。如图 2-2 所示。互联网和移动互联网的飞速发展,为互联网金融的发展奠定了用户基础。

图 2-2　中国手机网民规模及其占网民比例②

---

① CNNIC 发布第 41 次《中国互联网络发展状况统计报告》[EB/OL]. http://www.cac.gov.cn/2018－01/31/c_1122346138.htm.

② CNNIC 发布第 41 次《中国互联网络发展状况统计报告》[EB/OL]. http://www.cac.gov.cn/2018－01/31/c_1122346138.htm.

随着互联网的不断发展和普及,互联网技术也在不停地进步与升级,随着社交网络、搜索引擎等技术的产生和发展,人类社会进入了一个庞大的结构化与非结构数据信息构成的新时代。随着互联网数据的产生、发送速度和频率飞速增长,以及网络数据源的数目和种类不断增加,越来越多的企业开始注意到这些海量数据资源的意义。互联网每天都可以产生数量巨大的数据资源,"Facebook"一家社交网络公司每分钟的浏览量就可以达到600万次,可以看到在当今这个时代数据的增长速度有多么惊人。在全球市场中来看,Google、Facebook、Amazon三家网络巨头积累了十分庞大的数据资产,Google建立了庞大的搜索引擎;Facebook作为社交网络平台,每天都产生和积累着巨大的人际关系数据;Amazon的网络平台中存在庞大的商品信息数据,建立了全球最大的商品数据库。它们根据自身的实际情况,凭借着积攒的数据资产制定和运行了合适的发展战略和商业模式,成了各自行业中的龙头。可以看出,庞大的数据资源对于一个企业来说有多么重要,合理利用这些数据就可以实现企业的飞速发展,所以越来越多的企业开始发现大数据资产对其的重要意义,同样的,大数据也成了互联网金融的重要工具。

虽然企业意识到了大数据的重要意义,但是想要利用这些数据就需要解决其数据量大、种类繁多、价值密度低的问题,企业需要寻求到科学有效的方法对这些数据进行高效提炼,而云计算就可以帮助企业挖掘隐藏在大数据表面之下的有效信息。和传统使用单个服务器或计算机进行计算的模式不同,云计算是架构在互联网基础上进行计算的新模式,它将计算负担集中于远端服务平台,也就是"云端",以此可以减轻客户端的计算负担,不需要对用户的服务器软硬件进行部署与维护,相较于传统计算模式更为灵活简便。云计算和大数据二者是应运而生的,正是因为信息爆炸时代的到来,云计算就此产生并发挥作用。在互联网金融中,通过云计算和大数据的有机结合,可以更好地获取大量的客户信用数据和交易数据,从而降低了互联网金融的交易成本和摩擦成本。

例如,阿里金融是以阿里巴巴 B2B、淘宝、天猫等电子商务平台为基础建立起的互联网金融平台,为小微企业、个体商户提供一定小额信贷等业务。2014 年 10 月,蚂蚁金服正式成立,专注于为小微企业和个人消费者提供普惠金融服务。2016 年 8 月,蚂蚁金服开放平台推出"春雨计划",投入 10 亿现金扶持生态伙伴,3年内助力至少 100 万开发者,并服务 1000 万中小商户及机构①。蚂蚁金服小额贷款的微贷技术中运用了大量数据模型,通过大规模集成计算,来掌握买家和卖家之间的交易风险概率、交易集中度等。在放贷过程中适当结合互联网技术,可以在一定程度上改善信息不对称带来的高信用风险、高贷款成本和贷后风险控制等,这样可以为其安全、高效运营提供保障,同时可以降低蚂蚁金服的运营成本。通过这一事例可以看出,大数据和云计算可以很大程度上推动互联网金融的发展,同样这也是保证互联网金融能顺利稳定运行的关键技术支持。

(二)新兴商业模式带来新金融服务需求

随着互联网的不断发展,人们的生活和互联网之间的关系越来越密不可分,从信息浏览、电子邮件,到信息查找、远程办公、电子银行、购物等,用户的行为习惯也越来越互联网化。在生产生活中涉及的信息流和资金流,越来越多是通过互联网应用来完成的。从全球市场的角度看,随着 Amazon、阿里巴巴等全球电子商务飞速发展,大量的互联网支付、跨境支付以及第三方支付出现;随着全球化的社区网络发展,社区网络间产生了全新的融资需求;随着移动商务的高速发展,手机支付、二维码支付等移动支付得到了大范围的普及和推广。这些新兴商业模式的产生和发展,同时带来了基于互联网的新金融服务需求,并同时促进了全球互联网应用和商务活动的全面发展。随着用户习惯不断的"互联网

---

① 蚂蚁金服推"春雨计划" 拟 3 年投 10 亿扶持合作伙伴[EB/OL]. http://tech.qq.com/a/20160810/033089.htm.

化",对互联网和金融业、商业的连接、合作提出了新的要求,促进它们的合作才能更好地使金融企业满足用户需求。除此以外,互联网行业具有十分强大的连接功能,可以打破时间和空间的限制,推动以融合为核心的新型产业革命,随着产业技术和产品服务二者的交叉渗透,产业界限也逐渐变得不再清晰,导致现在的一些产品是多个产业成果进行结合得出的产物。由此可以看出,科学技术的不断创新和发展打破了原有的产业格局以及商业模式,为了更好地满足消费者的需求、提高客户体验,相应的就会产生新的金融产品以及服务。

同时,伴随互联网浪潮带来的新兴商业模式的冲击,一些在传统金融体系中无法得到满足的金融需求便会转移阵地在互联网中寻求满足方式。在很长一段时间以来,政府部门一直对金融领域实行十分严格的管制政策,这就导致了严重的金融压抑以及金融资源垄断现象。这样的背景下,金融市场流动性差,只有很少一部分人可以接触到金融资源,一般针对的客户只是处于经济结构上层的企业或人群,而数量众多的中小企业、小微企业以及个体商户并不能和以上企业和人群公平地享受到金融资源,这就使很多理财需求和投资需求并不能得到满足。现在通过互联网可以在一定程度上满足中小微融资需求、个人小额融资及理财需求,进行点对点配对,促进资金供求平衡的实现,逐渐打破和摆脱传统的金融中介。单从个体来看,碎片化金融需求很薄弱,但是这些需求的数量十分庞大,庞大的用户群体带来的是巨大的金融需求。很多非金融企业抓住了这一良好时机,开始逐渐踏入互联网金融行业开展相关业务,这也促进了互联网金融的不断发展,完善了整体金融业。与此同时,传统金融企业为了可以在金融市场中生存也开始了自身的变革,顺应市场需求地进行金融产品创新。在非金融企业的涉足以及传统金融企业的变革下,互联网金融行业得到了不断的发展。

二、互联网金融的发展历程

(一)第一阶段

2000 年,支付网关(Payment Gateway)出现了,这是一种不同于银行、非金融机构的模式。它通过特定的一套系统,连接各家银行的信用卡系统、借记卡系统以及储蓄系统,最后,把所有的有关银行的支付服务集中起来向用户提供。支付网关主要处理两件事:

(1)进行掌管连接交易的事项,当用户进行刷卡支付时,网关需要和银行进行相关的连接,通过银行再授权支付。

(2)进行在网上相关结算的事项,把交易过程中的金额,从银行转结到商户。

支付网关的出现,对中国的电子商务产生了重大的意义。

(二)第二阶段

2000 年前后,大量的电子商务公司在中国相继出现。由于每家电子商务公司,在去联系各家银行的过程中,花费大量的时间与精力,所以,对于电子商务这一部分来说,势必会影响到它的运行效率。

但是,出现了网关这种通用的服务之后,电子商务就可以省下很多的时间,把精力集中于自己的商业模式发展之中。只要他们进行一些相应的支付结算、清算相关的事情,支付机构可以全权包揽。

也是在 2000 年前后,北京出现了首信易,上海出现了China-Pay。这些专业机构开始经营相应的支付网关,对于当代的金融来说,是一次很大的飞跃。

(三)第三阶段

2003 年,第一个支付账户在中国产生。支付账户的产生,有非比寻常的意义。

在 2003 年以前，给大公司做资金存管与登记的工作，除了商业银行有权行使，其他的机构，如证券公司曾经开放过资金存管权限外（已被叫停多年），连保险公司或信托公司都不允许行使这个权力。所以，归根结底来说，这些非银行金融机构，在不能存放资金的前提下，只能做一些简单的登记金融资产或者证券份额，资金仍然得回到商业银行的账户中去。

所以，支付账户的出现，很好地缓解了这种情形，它在中国是第一个可以在银行体系之外出现的存放、记录资金的账户，这是一件具有里程碑意义的事件。与此同时，需要注意的是，当时没有任何监管机构的牌照，支付账户的经营完全是一种自发的商业行为。

当然，2004 年出现的支付账户，是模仿美国 PayPal 的模式；而 2000 年的支付网关，是模仿美国 CyberCash 的商业模式。但是，这确实在银行体系之外产生了一个非常不同的功能：汇，即转账、支付和结算的功能。

支付网关，长期充当着一个资金的搬运工的角色：从某个银行发卡人的个人账户，到一个商户的结算账户，但这并不属于其真正的金融业务。支付成为一项金融业务，需要历经很长的演进历程。

运通，就是美国以前有着大约 100 多年历史的 American Express。在美国的伊利运河修好之后，快递业务主要通过走水路的形式进行。之后，他们发现了帮人运钱是一项很好的快递业务，接着就有了后来的 American Express——现在已经进化为全球最大的信用卡公司之一。

中国也是如此，在 100 多年前有了汇通天下，汇通天下的前身是钱庄，就是进行票据支付。钱庄再往前，大多是镖局，就是带有武装功能的快运公司。今天，支付成了金融领域中的一个新名词。

但是，在 2007 年之后，支付网关的角色发生了相应的改变。

汇付,是行业中发生改变的第一个。当时,汇付在为航空行业做支付业务时发现:如果仅仅帮航空公司代理人跟乘客之间做简单的支付结算的话,过程不是特别顺畅。因为,代理商负责从航空公司拿到机票卖给个人,再从个人手中收取相关的费用传递到航空公司,期间会产生较大的时间差。

2007年的时候,机票基本上实现电子化,一张票从航空公司到代理商平台再转递到个人手上,几乎是立刻到达的。但是,票款的整个收取过程却是存在一些弊端的,因为从个人手中到代理人再到航空公司,这阶段间大概要花23天的时间,才能很好地对票款进行一个完整的收取。这意味着航空公司在此期间处于赊销状态,如果航空公司不承担赊销,代理人就得负责垫钱的任务。

所以,汇付在2007年的时候,连接了航空公司与代理商所有的系统,把之前的垫款业务做了相关的巧妙处理,通过借助互联网,把垫钱的时间差做了整体的调整,具体从原来的23天压缩到3天。

因此,在这个行业里,只要能够找来资金先垫付,整个行业就能灵活变动,业务也就自然而然地产生了。

这种信用支付的功能,事实上是对赊销或短期放贷的另一种支持手段。由此,支付的功能和作用显而易见,它不再仅仅是帮助别人搬运钱,而是支付公司自己投入了相应的资金,承担了其中的信用风险。当时每笔只收了6‰的手续费(因为支付公司不是银行,不能放贷),年化收益率就是72‰。从2007年12月开始,支付公司就正式进入了金融行业。

(四)第四阶段

2010年5月,证监会将第一张基金支付牌照交给了汇付。在2010年之前,凡是有关于基金、信托等各类金融产品的销售,都是借助商业银行的渠道来得以实现,这个比例一般都不低于80%。但是,2010年证监会开放授权后,汇付接任这个业务,在今天看来已经是一件很寻常的事情。值得一提的是,正因为有了这个基础,余额宝才能顺利地诞生。

2011 年,在支付公司从事了十几年的业务之后,人民银行颁发了支付牌照,对大家的身份也表示了认同。在 2011 年之前,这些公司都很紧张,因为当时不能注册叫支付公司,为了让专付功能和汇款功能更好地体现在商标里面,汇付天下的名字就由此而得了。

2012 年,证监会进一步降低了相应的门槛:规定注册资金达到 2500 万元,带有支付系统,并通过相关的验收,就可以到证监会获得一张基金的代销牌照。这张牌照,意味着中国首次允许非金融机构进行相关的金融产品销售,具有划时代的意义。

之后,很多的金融产品,如信托产品、证券公司的资管产品以及基金子公司的产品,都可以依托这张牌照进行相关的销售。这样一来,各类金融产品的发行方就视同获牌公司获得了一个销售准入证。于是,理财市场进入空前繁荣的发展时期。

在今天,东方财富与蚂蚁金服等机构,除了销售基金和余额宝之外,还销售很多其他的产品,而进行种种行为的法律依据就是这张牌照。

(五)第五阶段

2013 年,互联网金融开始红遍中国,在美国叫 Fintech(Financial Technology)。刚开始是互联网保险与余额理财,然后在 2014 年,P2P、众筹等金融业态也迅速爆发。这个概念只产生了一年多时间,就被写进了 2014 年的政府工作报告,并在 2015 年的报告中继续提及。当大家还没太搞清楚互联网金融是什么的时候,它就已经被列入政府鼓励支持的范畴。

到了 2015 年,相关政策更是层出不穷。人民银行、保监会、证监会等十部委,接二连三地推出了大量关于鼓励互联网金融健康发展的政策。大家感觉到,互联网金融是一夜之间冒出来的事物。但是,在业界人士看来,他们已经付出了超过 15 年甚至更长时间的努力。所以,互联网金融这部车是厚积薄发,发动起来之后,势不可挡。

第二节 互联网金融的主要模式

互联网金融有别于传统金融，其商业模式也有所不同。互联网金融的商业模式包括第三方支付、P2P 网贷、大数据金融、众筹、信息化金融机构、互联网金融门户六大互联网金融模式，本节以互联网金融门户以及众筹两种模式为例进行阐述。

一、互联网金融门户的运营模式

互联网金融门户是指搭建在互联网上，提供金融产品、金融服务信息，使客户可以进行信息搜索、对比，并可以为金融产品的销售提供相应服务的第三方网络平台。我国目前互联网金融门户比较多，例如金融之家、有融 360、好贷网等。

(一)理财类网络金融门户

1. P2P 网络门户贷款

(1)P2P 网络贷款门户的定位和运营模式。所谓的 P2P 网络贷款，顾名思义主要指的是个人对个人的一种网络借贷活动。P2P 网络贷款类似民间的熟人间的借款形式，只是借贷双方是通过网络贷款平台达成一致的意向，这类借贷一般规模小但违约风险不低，因此，部分 P2P 网络贷款平台出台了资产抵押、信托等降低违约风险的措施。

这里需要说明的一点是，P2P 网络贷款门户与 P2P 网络贷款平台是截然不同的。P2P 网络贷款平台是通过 P2P 网络贷款公司搭建的第三方互联网平台进行资金借贷双方的匹配，是一种"个人对个人"的直接信贷模式。而 P2P 网络贷款门户则是建立在众多 P2P 网络贷款平台基础上，秉承公平、公正、公开的原则，对各家 P2P 网络贷款平台进行汇总、整理、评级和建档,以引导资金借贷双方选择更优的贷款平台。

因此,对 P2P 网络贷款门户进行核心的定位主要是 P2P 网络贷款行业的第三方资讯平台,是 P2P 行业的外围服务提供商,其主要职能包括但不限于:①为投资人提供最新的行业信息,并为其搭建互动交流平台;②为网络贷款平台提供展示窗口,并进行必要的评级增信服务;③监督各网络贷款平台的日常运营,推动各平台实现行业自律,以促进 P2P 网络贷款行业健康发展。

在 P2P 网络贷款门户上,客户能把大量的 P2P 网络贷款行业资讯、行业数据搜索到,这就进一步有效地降低了借贷双方的信息不对称程度。同时,P2P 网络贷款门户以客观中立的立场,通过门户工作人员走访、考察等方式,将全国各地具备资质且运营状况良好的 P2P 网络贷款平台纳入网络贷款门户的导航栏中,能够为有理财需求和有贷款需求的客户提供相关信息参考,有效地解决了其对 P2P 网络贷款平台信息的获取问题。

除此以外,P2P 网络贷款门户还具备一定的风险屏蔽及风险预警功能。例如,网贷之家通过平台准入审核,把一些具备相关资质及信誉良好的 P2P 网络贷款平台筛选出来,并对准入平台的信息进行实时的监控,以在其倒闭或携款跑路等事件发生前能够及时地进行风险预警。

就当前的形势来看,P2P 网络贷款平台的"跑路"事件频发,于是在政策监管缺位的情况下,P2P 网络贷款门户的确起到了相对比较大的监督作用。P2P 网络贷款门户作为理财人和借款人了解 P2P 网络贷款行业以及各家 P2P 网络贷款平台运营状况的窗口,及时发布最新信息并利用自身的"曝光台"对存在倒闭及携款跑路风险的 P2P 网络贷款平台进行警示,这就在很大程度上起到了一定的监督及风险预警的作用。

在国内,DOP2P、网贷中国和网贷之家等是目前相对具有一定知名度的 P2P 网贷门户。

(2)P2P 网络贷款门户的盈利模式。广告联盟和向贷款平台会员收取会费、平台展示费以及提供增信评级服务收费是P2P网络贷款门户收入的主要来源。

当前,P2P网络贷款门户由于并不直接介入任何实质交易或担保,且资历尚浅,其盈利模式的核心主要还是围绕为贷款平台会员提供流量展开。当然待到未来某些P2P网络贷款门户脱颖而出,具有较高知名度和权威性后,可以考虑提供相关的增信评级服务收费,或对P2P网络贷款平台进行培训及提供相关咨询服务来实现相应的营业收入。

2.信贷类门户

(1)信贷类门户的定位和运营模式。在前面,我们将P2P网络贷款比作是一种民间私人借贷的互联网化,那么在这里,我们也可以进一步形象地将信贷类门户比作是传统间接融资的一种互联网化。

目前,"网络银行"是国内的信贷类门户常见的一种存在形式,当然,也有少部分为第三方门户机构。总体说来,国内的网络银行现在已经达到一种非常成熟的状态,个人信用贷款、汽车和住房抵押贷款、中小企业无抵押贷款及各类借记卡申办、信用卡申办,大都可以通过各家银行机构的网络银行来实现。

当然,由于网络银行的存在是依附在各家银行机构的基础上的,因此它并不提供多家银行间相近业务的垂直搜索比较,同时也没有一种较为具体的盈利模式,因此在这里不做过多探讨。

这里做重点进行讨论的是不依附某一银行、财务公司或者集团机构而存在的第三方信贷类门户。该类互联网金融门户是专注于各类信贷产品的垂直搜索平台,即通过搜索整合放贷类金融机构的各类贷款,实现归类比价,并协助申请办理贷款事宜,以达到分流甚至替代传统的线下贷款流程的目的。这种信贷类门户并不参与资金借贷双方的具体交易,也不做属于自己的信贷产品,通过"垂直搜索+比价"来实现信息整合是其主要的核心。

在国内,目前专门做第三方信贷门户的网站还是较少的,我爱卡和立刻贷是相对较为有名的。从业务范围来看,信贷门户的涉猎范围非常广,包括信用卡贷款、汽车消费贷款、个人消费贷款、住房贷款、企业抵押贷款等应有尽有。这类门户网站合作的机构既包括国有银行、股份制银行、地方城商行等银行机构,也有诸如中安信业、信安易贷和广银小额贷款公司等其他放贷机构,范围相对而言较广。

如果从信贷产品的信息采集方面看,信贷类门户和各放贷机构还是具有比较紧密的联系的,其汇聚着各类信贷产品信息的数据库往往是和放贷机构共同合作推出的,能进行产品信息的实时更新,保障客户搜索到的产品信息的真实可靠性。

如果是从信贷类门户引导的贷款业务流程上看,一般包括以下四个主要的步骤:第一,借款人在信贷类门户上对贷款信息进行相应的搜索,有选择地筛查并选定贷款种类和贷款机构;第二,在信贷类门户网站上在线申请并提交相关资料;第三,等待贷款机构的客户经理上门核实客户提供的相关资料;第四,实施贷款发放。在这四个具体的步骤中,前面两个主要是在信贷类门户网站上进一步实现的,从一般意义上讲,信贷类门户不仅可以为客户提供相关贷款信息的整合筛选服务,减少客户的搜索成本,同时也能够在一定程度上代替银行的前台业务,放贷机构退居幕后。这在一定程度上来说,对于信贷业务的进一步分工和细化予以了具体的反映。

(2)信贷类门户的盈利模式。信贷类门户网站主要通过对信贷产品的垂直搜索整合为依托,通过提供不同放贷机构的相似放贷产品的横向比较吸引客户,并协助客户通过网络向放贷机构提交相应的贷款申请。

信贷类门户作为第三方服务机构,通常会与各放贷机构进行紧密的合作,在一定程度上充当起放贷机构的网络宣传和业务办理平台,这刚好和各类银行之前花大力气做的自家网络银行形成竞争关系。

当然,信贷类门户在这样的竞争中是具有明显规模报酬递增优势的,从市场空间和该细分领域的发展潜力上讲,我们有理由相信"京东"或"天猫"版的信贷门户并不是不可能的。

而信贷类门户的盈利模式也刚好蕴藏在其本身的业务模式中——与放贷机构实现分工,专注于为放贷机构带来借款客户。在此基础上,从放贷机构处收取佣金和推介费,当然也可以利用自己一线接触借款客户的机会,对客户借款的偏好进行一定的研究,以更好地帮助放贷机构合理地对贷款产品做相应的设计,并据此收取放贷机构相关的服务费。

3.保险类门户

(1)保险类门户的定位和运营模式。作为传统的金融模式之一,保险的业务流程本身与网络相关度是最低的,但是保险却是互联网上最成熟的一种金融模式,这或许和保险业务本身需要广泛宣传而互联网又具有明显的规模效应有一定的相关性。

具体而言,这类互联网金融门户可细分为两类:

第一类是保险机构自身建立的门户网站,诸如平安保险、新华保险和中国人寿保险之类保险公司的网站。这些网站涵盖的保险类型非常广泛,除一般的车险、人身险外,还有各种类型的投资理财服务,甚至包含很多依托金融工程而建立起来的衍生类理财产品也在这类门户网站上大行其道。此外,这类门户网站还提供购买保险、保费续交、理赔申请提交等服务。

第二类则是我们要关注的第三方保险产品整合平台。它与信贷类门户网站类似,这类互联网金融门户也是依托垂直搜索平台,通过与各家保险公司共同建立并更新保险信息数据库,实现精准、快速地为客户提供产品信息,从而有效地解决了保险信息搜寻的信息不对称问题和搜寻成本过高的问题。

据目前的形势,从第三方保险门户网站在保险业务中的地位来看,第三方保险门户网站大都停留在资讯信息发布与简单保险产品推介上,并未实际介入保险业务。究其具体的原因,主要是目前保险机构自身的门户网站已经非常完善,新晋的第三方保险门户网站在短期内很难有大的突破。

此外,对于保险行业本身而言,本来就是一个直面客户的行业,一般保险机构都拥有非常专业和庞大的销售末梢,这也意味着第三方保险门户想要替代保险机构的难度是比较高的。

当然,第三方保险门户网站也有其独特优势,特别是其整合保险数据进行搜索比较的核心业务。因此,第三方保险门户首先应该在垂直搜索上下功夫,在为保险客户提供保险产品选购导向上创造相对优势,进而才能涉足已经成熟的网络保险业务流程。否则,第三方保险门户网站只能停留在保险业务信息和相关新闻信息的发布上,或是成为保险公司的第三方业务展示平台。

如果从长远的角度来看,保险类门户应该定位于在线保险超市上,充当的是网络保险经纪人的角色,能够为客户提供简易保险产品的在线选购、保费计算以及综合性保障方案等专业性服务。

(2)保险类门户的盈利模式。在国内,目前各家第三方保险类门户的收入来源主要是依托自身的垂直搜索平台,向保险公司网站导入用户流量收费,或者通过广告联盟的方式收取广告费用;其他收费模式,诸如协助客户完成投保后向保险公司收取手续费,或是向保险机构或保险代理人提供客户信息和投保意向从而收取佣金,暂时都难以形成一定的规模。

4. 综合理财类门户

(1)综合理财类门户的定位和运营模式。对于综合理财类门户网站而言,其不仅仅对前面论述的几大专业类理财门户网站的理财特点做了相应的总结,而且在一定程度上又走得相对更深一些。综合理财类门户网站既可以是第三方理财机构,也可以是由原金融机构网络门户衍化而来的,前者的代表是钱生钱网,后者有财大气粗的钱大掌柜为代表。

从具体的定位上来看,综合理财类门户和信贷类门户、保险类门户的差别主要体现在运营范围上,其聚焦的产品种类和数目更多,但本质依然是建立在垂直搜索平台基础上的一种理财服务平台,依托的仍然是"搜索＋比价"的核心模式为客户提供国债、基金、信托、贵金属和各种金融衍生品等理财产品的投资理财服务。

由于综合理财类门户涉及的理财产品种类非常繁多,网站平台的建立既需要强大的前期资金和人力投入,同时又需要和各家金融机构保持良好的关系,并实时更新自身理财产品数据库。从自身平台发展上讲,还需要建立一支专业化的行业研究和理财产品分析团队。

因此,综合理财类门户天生就具有相当高的进入门槛,目前国内新建立的平台网站也鲜有直接从综合理财门户网站起步的,大多数还是关注于某一细分门类的服务平台搭建。

如果从其发展前景上进行分析的话,综合理财类门户无疑是最具有发展潜力的一种平台,也是未来各细分理财服务平台发展的方向。综合理财类门户因为理财资讯更丰富、理财项目更多样,无疑更能吸引投资者的目光,其平台流量也将更为可观。同时,综合理财类门户可以通过合理组合来调和各类理财产品风险,甚至可以在有针对性地分析各个客户当前的财务状况和理财需求之后,根据客户自身情况为其制定个性化的一揽子财富管理策略以规避投资风险。

(2)综合理财类门户的盈利模式。综合理财类门户有着非常丰富的盈利模式。其主要的收入来源是广告费、手续费、推荐费、咨询费等。基础费用如广告费和推介费,作为很多专业类门户网站的收入来源,在综合理财类门户收入中的比例却并不高。综合理财类门户收入的主要来源目前还是手续费,当然这部分费用并不直接向投资者收取,而是从理财产品的最终提供方处收取,因此,综合理财类门户目前和理财机构走得更近。

咨询费应该会在未来成为综合理财类门户的又一大收入来源。在综合理财类门户建立起一定用户黏性的基础上,可以通过向投资者提供更个性化的理财服务来获取咨询费,而不是单单依靠理财产品的提供者。

总体而言,综合理财类门户具有非常广阔的发展前景,其盈利预期也呈现出一种非常好的趋势,但不能避免其也会面临较高的进入门槛。

(二)资讯类网络金融门户

1.资讯类网络金融门户的定位和运营模式

理财类金融门户相对而言是专注于融资流程介入和相关服务的,其与投融资者具有非常大的利益瓜葛,但是,资讯类网络金融门户则与网络融资整个流程毫无"利益"相关。

具体而言,资讯类网络金融门户完完全全专注于投融资资讯的呈现和投融资行情的具体分析,并不为相关金融机构导入流量,也不对任何类型理财产品的组合或购买提供服务。

对于资讯类网络金融门户而言,它们主要专注于互联网金融行业和金融产品的最新信息,同时也提供品种丰富的理财产品的具体信息,比如某基金产品的类型(股票型、债券型或收益权型)、风格(成熟型、成长型等)、过往收益、各类费用(申购费、赎回费和管理费等)、当期成交走势、未来收益预期和其他产品收益对比等信息。

另外,资讯类网络金融门户也可以与各类专业分析师进行相关的合作,定期为投融资者提供专业理财信息分析服务。

就资讯类网络金融门户本身来说,它是不参与投融资服务的任何具体流程的,但却与整个行业的发展息息相关,它更像是互联网金融的"公共产品",为整个行业提供服务。这样的门户网站存续与发展的关键也在于其是否能在较长时间内建立并维护其权威性和时效性,权威的门户网站能给其带来丰富的流量,进而促进该门户网站进一步壮大,并提供更具有质量和数量的资讯信息。

2.资讯类网络金融门户的盈利模式

（1）丰盈的流量是资讯类网络金融门户赖以存在的关键所在,有了流量就有了广告收入,流量足够多了自然就能盈利,这也是传统网络门户网站经常采用的盈利模式。

但是,在这里需要注意的一点是,资讯类金融门户赖以生存的要素是其权威性,诸如"软广告"之类的推介是大忌,因为这种存在利益相关的推广会严重损害其权威性,降低投资者对该门户网站的信赖,继而对整个门户网站的发展造成极大的影响。

（2）资讯类网络金融门户可以利用其自身的信息整合优势为一些机构客户提供专业信息服务,比如为金融机构提供投资者偏好方面的研究数据,甚至协助金融公司设计理财产品,以收取相应的会员费或咨询费。

二、众筹的运营模式

随着众筹业务的蓬勃发展,我们可以看到众筹版块进一步在横向与纵向的扩张上细分,时间也会给我们带来更多的见证。今天,众筹平台在很多不同的领域跃跃欲试,纵向版块的目标类别有:房地产、电影、太阳能与绿色能源、旅游、教育、音乐会/活动、图书出版、游戏、硬件、应用与软件、时尚、游说与政治、运动、新闻、科学、医学、啤酒、农业、矿业等。这个名单上的类别只会越来越多,不会一成不变。成功的版块会引来竞争,而势头不足的版块会逐渐衰退,并入其他平台。

众筹平台的成功激发了企业家和创新者的想象力,他们利用技术掀起了资本筹措的革命运动。尽管 Indiegogo、Kickstarter 等众筹平台将众筹推向了新的发展高峰,这两个竞争者也只诠释了众筹的部分业务。众筹迅速扩展到了不同的行业板块,可以细分成更多的类别和子类。

(一)慈善式/捐赠式众筹

捐赠式众筹也称公益众筹,是指投资人通过众筹平台或其他信息平台对项目进行投资,但投资目的并不是获取相应的回报或收益。捐赠式众筹是一种具有无偿性、公益性的筹资制度。

国内比较具有代表性的平台为新浪微公益,该平台2012年2月份正式上线,主要面对2.5亿多微博用户进行开发,开展在线求助与捐赠服务,主要包括支教助学、儿童成长、医疗救助、动物保护、环境保护五个重点慈善方向。目前,投资人可通过下列四种方式帮助求助人或者向求助人进行捐赠。

1.品牌公益捐赠

品牌公益捐赠主要针对有一定品牌影响力的公益项目进行小额或定额的捐助,例如由中华社会救助基金会发起的抗战老兵助养行动、壹基金发起的净水计划、中国红十字基金会发起的小天使基金等。

2.个人求助捐赠

个人求助捐赠主要由企业代筹资人发布或个人直接发布公益项目,项目的类别可分为三种:一是为治疗疾病筹集医疗费用、为偏远地区儿童筹集助学资金等捐款项目;二是为环卫工人递上一杯水(也可是草帽、毛巾等)、为山区儿童筹集学习用品及书籍等捐物项目;三是为山区儿童义务支教、义务照顾孤寡老人等募集志愿者项目。项目投资人可以根据自身的实际情况选择捐款、捐物或是担当志愿者为有需要的人提供帮助。

3.转发捐赠

转发捐赠是由企业或慈善组织发起的转发捐助行为,人们可以点击"爱心转发"来转发微博,成功转发后,由发起人进行捐款。例如微公益上由E宠商城发起的"转发一次即可为广西玉林救下来的猫狗捐粮"行动,人们每转发一次,E宠商城将为该行动捐助1元钱。

4.拍卖捐赠

拍卖捐赠较为特殊,主要由具有一定人气或号召力的明星、艺人等发起,大多以拍卖其使用过的用品为主,例如首饰、签名球鞋、背包、演唱会服装等,且承诺将最终成交所得的全部拍卖款援助公益项目。

另外,腾讯公益乐捐也是以公益为主的捐赠众筹平台,捐赠模式分为月捐和乐捐,月捐通过财付通余额、快捷支付的方式每月自动捐款10元,也可选择一起捐(双人),同样是每人每月10元;乐捐则是单笔一次性捐款。腾讯乐捐的公益项目大致分为扶贫、助学、环保、疾病救助等。

(二)股权式众筹

股权式众筹是指筹资者面向不特定的投资者出让融资项目一定比例的股份(或份额),投资者通过受让股权(或份额)获得股份,享有相应权益,以此达到投资目的,这种基于互联网渠道而进行融资的模式被称作股权众筹。简单地讲就是企业通过众筹平台或其他平台出让股份(或份额)从而获得资金的行为。目前国内股权众筹有股东式众筹、合伙式众筹、权益式众筹三类。

1.股东式众筹

股东式众筹采用一种直接股权投资的方式,由筹资人在众筹平台上展示融资项目,投资人根据自己的商业判断,认可筹资人的项目后,通过众筹平台投入相应资金,与其他投资者共同出资成立一个新的商事主体,每位投资人可直接以其出资份额享有股份,成为股东。3W咖啡可当属该模式的开创者,其通过微博在互联网平台上进行原始股东招募,要求每人认购10股,每股价格6千元。很短的时间内,3W咖啡便汇集了一众知名投资人、企业高管等百余人,股东阵容相当华丽。3W的游戏规则并非简单的出资6万元即可成为股东,其主要是基于名人或熟人的交际网而形成的一种相互的吸引力。这也就意味着,想要成为股东必须具备的条件则是具有相当的知名度或者一定号召力的商界人士,而股东的价值回报也区别于以往的分红获益,因为投资于此,并不是为了6万元未来可能带来的预期收益而进行的,其价值所在主要是3W咖啡能够提供一个涵盖众多知名人士的顶级人脉圈,相比于单纯的分红,这些资源往往是投资人更为看中的。

2.合伙式众筹

合伙式众筹,其运营模式更加接近天使投资或风险投资(Venture Capital,VC),目标融资企业大多是缺乏必要的启动或发展资金的小型初创企业。在国内大家投网站的模式属于较为典型的天使式众筹,筹资人通过平台发布包括创业管理团队、企业历史情况、未来发展计划以及商业计划书等来展示欲筹资的项目,由平台筛选出符合要求的领投人对项目进行分析、尽职调查、估值议价及投后管理等事宜,并向项目跟投人提供项目分析与尽职调查结论,从而帮助筹资人尽快实现项目融资。在线上交易过程中,领投人主要在跟投人与筹资人之间起到桥梁的作用,维护协调双方关系。在项目融资额度达到预定数额时,即为融资成功,交易将由线上转为线下。在进入线下的操作过程中,众筹平台将协助所有投资人组建有限合伙企业,负责代办工商手续,领投人代表有限合伙企业与目标融资企业全体股东签订投资协议,并办理工商变更手续从而完成全部融资手续。目前我国股权众筹平台大多采用"线上+线下"相结合的方式进行操作,即线上展示融资项目,预期数额届满时,转入线下进行后续操作。另外,很多不满足投资限额的零散资金投资人则会以股权代持的方式汇聚在投资人名下,以实现"微小投资,高额回报"的目的。

3.权益式众筹

权益式众筹是指筹资人通过互联网销售筹资项目的股权(或

份额)权益凭证,投资人付出资金从而取得相应凭证,并依凭证取得相应权益,但投资人并不成为股东(或合伙人),也不享有股东(合伙人)权利的众筹模式。

2012年10月5日,一家名为"美微会员卡在线直营店"的店铺在淘宝上正式开业,店主是美微传媒的创始人朱江,曾担任过多家互联网企业的高管。在该网店中,消费者可以通过拍下相应金额的会员卡,获得"订阅电子杂志"的权益并同时拥有美微传媒的原始股份100股。自2012年10月5日至2013年2月3日中午12:00,美微传媒共进行了两轮募集,参与购买的会员人数为1191人,认购总数为68万股,两次募集资金共计120.37万元。该模式的兴起,一度在业内引起了轩然大波,而按照《中华人民共和证券法》的相关规定,向不特定对象发行证券或者向特定对象发行证券累计超过200人,均属于公开发行证券行为,必须经过证券监督管理部门批准。因此,美微传媒的众筹之路,最终因行为不合规而被证监会断然叫停,众筹试水以失败告终。

随后,在2013年3月,一植物护肤品牌"花草事"同样在淘宝上高调销售自己公司原始股。花草事品牌对公司未来1年的销售收入和品牌知名度进行估值并拆分为2000万股,每股作价1.8元,100股起开始认购,计划通过网络私募200万股。股份以会员卡形式出售,每张会员卡面值人民币180元,每购买1张会员卡赠送股份100股,自然人每人最多认购100张。这也就意味着,投资人只需要支付人民币180元,便可拥有100份股份,继而成为股东。很显然,其与美微传媒存在相似之处,其法律后果可想而知。

不过,需要说明的是,由于凭证式众筹多番试水均无疾而终,目前我国尚没有专门做凭证式众筹的平台,上述两个案例筹资过程当中,都不同程度被相关部门叫停。

(三)奖励型众筹

回报式众筹,也称之为奖励众筹,是指项目发起人在众筹平台或其他平台展示项目,投资者在预设的时间内达到或超过预先设定的目标金额时,即为募集成功,发起人将会以实物或是服务的方式给予支持者相应的回报;若募集资金没有达到预先设定的目标金额,则须将全部金额退还给所有支持者的众筹模式。

点名时间是我国最早采取回报式众筹的互联网平台,发展至今,已经成为中国最大的智能产品首发平台。筹资人可以将其设计的创意产品在点名时间上进行展示,并通过表述体现产品优势及特点来获取投资人青睐,投资人可以根据兴趣选择产品,以资金的方式予以支持,最终筹资人将会以实物的方式给予回报。

追梦网由一群年轻人在 2011 年创立,立志于为富有创造力的年轻人提供多方面的支持与帮助,项目范畴主要包括科技、影视、摄影、出版、音乐等文化产业。投资人可以通过浏览筹资人发布的梦想项目、创意行动或计划并选择自己感兴趣的项目进行支持,从而获得相关回报。追梦网的项目模式分为普通模式和灵活模式两种模式,普通模式中的发起者必须在设定的时间内完成目标金额的募集,方可视为筹资成功,若设定时间内未完成目标金额的筹集,则需要将所有已支付的款项全部返还给支持者,同时也无需履行回报承诺。而灵活模式中的发起者无论是否在设定时间内完成目标金额的筹集,均可拿到截止到筹集期之日所筹到的全部资金,并履行回报承诺。

(四)债权式众筹

债权式众筹是指投资人对有资金需求的项目或企业进行投资,从而获得一定比例的债权,筹资人承诺在约定期限内给予投资人一定比例的利息作为回报,同时归还投资本金。债权转让模式由宜信公司独创,具体指借款人在宜信公司网站上发布的借款需求获准后,由与宜信公司密切关联的第三方发放贷款,并向出借人(投资人)转让债权。宜信公司并不是在借款人和投资人之间提供了一个信息匹配平台,甚至可以说宜信公司仅仅通过网络寻找到了"潜在借款人",此后贷款的发放、管理、还款以及债权的转让等核心流程都在线下进行。

第三节　智慧银行建设

一、智慧银行的界定

商业银行若想能够长期发展,必须不断寻求创新,紧紧围绕客户需求的升级和经营效率的提高,采用更加先进的技术去改造业务流程和服务模式,摒弃传统的模式和产品,不断开展迭代式创新。

(一)商业银行的发展演进

从发达国家及地区的发展经验来看,商业银行一直都在对高新技术进行探索与应用,服务的形式和内涵也在不断调整。第一阶段是在传统商业银行的框架下,利用互联网技术发展以实体分行为基础的跨行整合服务。第二阶段是采用互联网技术进一步改造银行的业务系统与流程,打破实体分行体系,将银行产品及服务统一在一系列流程之中。目前,正在迈入第三阶段,即利用大数据、云计算、移动互联网、物联网、人工智能、区块链等新兴技术,全面改造商业银行的运作模式(图 2-3)。通过机器智能叠加人类智慧,体现智能、智慧特征。

近年来,伴随金融科技(FinTech)的发展和应用,云银行、网络银行、虚拟银行、移动银行、互联网银行等新概念应运而生,这些概念虽有不同,其实都体现了对新一代信息技术影响下商业银行创新发展趋势研究的不同视角。各类新概念银行名词频现,正是体现了信息技术革命对商业银行带来全面深远的影响。

在"共享+智能"的趋势下,智慧银行是实体银行走向未来银行的必经之路。通过将人类智慧与智能技术相结合,实现金融服务的智能化,达到"供需两便、化繁为简"的商业银行新境界。

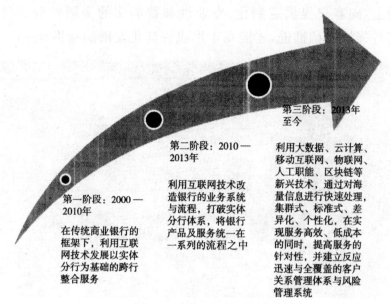

第一阶段：2000—2010年

在传统商业银行的框架下，利用互联网技术发展以实体分行为基础的跨行整合服务

第二阶段：2010—2013年

利用互联网技术改造银行的业务系统与流程，打破实体分行体系，将银行产品及服务统一在一系列的流程之中

第三阶段：2013年至今

利用大数据、云计算、移动互联网、物联网、人工职能、区块链等新兴技术，通过对海量信息进行快速处理，集群式、标准式、差异化、个性化，在实现服务高效、低成本的同时，提高服务的针对性，并建立反应迅速与全覆盖的客户关系管理体系与风险管理系统

图 2-3 智慧银行的发展演进

（二）智慧银行的核心要义

智慧银行的核心旨在打造客户身边的银行，要无处不在，且要更灵动、更安全和更智能，这是和传统银行最大的区别。所谓智慧银行，我们认为，是指在共享经济的理念下，运用 FinTech 等创新技术和人类智慧，打造具有"智商"的银行，更好地为客户提供高效、便捷、泛在、一站式的综合性金融服务。

智慧银行的"智商"至少体现在四个方面：①智慧银行的"大脑"，重点解决感知和决策的问题，这是智慧银行真正的核心竞争力；②智慧银行的"血液"，商业银行要将金融服务化为无形，融入各种生活和生产的"场景"，不断扩大数据来源，提升数据质量，所以要重点解决数据的来源、标准化和共享等问题；③智慧银行的"内分泌"系统，重点解决智能化建设的覆盖面。即智能化建设在银行经营管理各个领域的实际应用与否，以及应用的深度；④智慧银行的"神经"系统，它能扩展经营视角、丰富经营形态的枢纽，重点解决业务模式的智能化程度。它能解决人端和机器端及智能端的交互感应问题（见图 2-4）。在数据分析和客户深度洞察的基础上,向客户提供定制化、专业性和智能化的金融服务。只有上述各领域协调推进,才能真正形成智慧化发展的新格局。

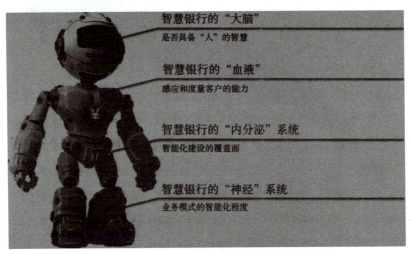

图 2-4　智慧银行的"智商"的体现

在架构上,智慧银行将按照"云＋智能平台＋端"的技术路径,通过深度融合 AI(HI)(人工智能、人类智能),不断完善"云＋端"扁平式双层架构体系,形成垂直整合、横向延伸的开放生态圈,使金融服务更加便捷化、定制化与智能化。智慧银行模式将由传统的"系统＋客户经理"向"系统(由银行专家训练的智能机器人)＋大数据工程师"转换,从而为客户提供更精准、更有效的金融服务。

在此基础上,智慧银行通过运用 FinTech 技术,构建一种全新的服务模式,为客户提供高效、便捷、泛在、一站式的综合性金融服务(见图 2-5)。具体包括三个层次。

第一层次是智慧银行的客户界面,即全新交互方式感知客户需求,让银行更灵动,为客户提供泛在化的智慧银行服务。在这一层将采用各类互动技术构建场景满足客户,并实时采集客户数据。

第二层次是智慧银行的基础设施,即重构高效 IT 系统,让银行的系统架构和运营流程更优化,效率和安全性更高。

第三层次是智慧银行的智能决策系统,即塑造银行思维能力,通过运用包括金融机器人在内的人工智能等技术重塑后台的智能决策系统,让银行的"智商"更高。

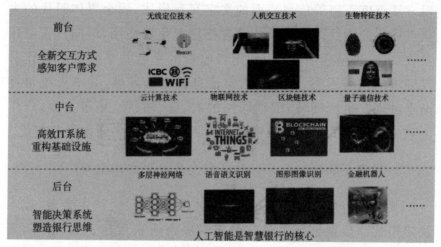

图 2-5　应用于智慧银行的各类 FinTech 技术架构

(三)智慧银行构建的理论基础——共享经济

1.共享经济的兴起

共享经济是一种技术驱动型的新型模式,其是以信息技术为基础,通过大数据、云计算、宽带网络和移动智能终端等技术的融合,催生出的一种全新形态。其本质上是一种新型产权交易制度安排,改变了我们传统上注重"拥有""产权"等核心观念,转而强调"使用""信任""合作""共享""人人参与"等理念。目前,以 Uber、Airbnb、猪八戒网等为代表的共享模式被迅速学习、复制、推广。研发被引入"众创"思维(TechShop),办公地点被颠覆(We. Work),供应链的非核心设备可以共享(Floow2),金融服务被互联网改变(LendingClub)。就私人拥有的资源来看,在物质资源极大丰富以后,盈余已经成为普遍现象。如果在更广的范围内实现共享,则有助于闲置资源的充分利用,增进社会福利。

共享经济虽然是一种新兴经济范式,但其形式早已存在,包括租赁、易物、交换等在内的所有权共享形式在一定意义上都可划为共享经济模式。就共享经济的发展历程来看,曾经的互联网免费模式创造了"羊毛出在猪身上，猴数钱、牛买单"的新商业逻辑。从百度百科等信息层面的文字交互形式，到全媒体时代的大众点评式的餐饮评价体系均允许使用者免费使用，但向广告主用户收费，这种使用者免费、利用者收费的平台共享模式可看作共享经济的初级形态。未来，依靠信息技术的发展，共享思维将逐渐走进现实生活领域，围绕居民的衣、食、住、行、用等方面，产生由越来越分散的个体组成的强调人人参与的众多新兴服务产业。

2.共享金融的兴起为智慧银行发展提供广阔空间

共享经济是一种新兴的经济发展模式。经济决定金融，技术决定模式。金融创新总是与经济发展密切联系在一起。伴随着共享经济的发展，共享金融也逐渐兴起，并为智慧银行发展提供了广阔空间。互联网技术和共享精神的出现，对商业银行传统的中介功能、经营管理和服务模式都带来了巨大冲击。共享金融业务模式的兴起是在传统商业银行商业模式上的迭代与创新，可以助力商业银行提供直接的投融资对接服务、建立以大数据为基础的风险控制模式、覆盖大量被商业银行忽略的客户等诸多业务实践。商业银行应该主动融入金融科技带来的变局，吸取优势、弥补短板，开启商业银行"重生"的新征程。

（1）提供直接的投融资对接服务。在共享经济环境下，信息技术的开放性和共享性极大地降低了金融行业的信息不对称性，增强了金融业务的参与度和透明度。资金供需双方可以使用搜索平台，发布和寻找资金信息，并由双方各自完成融资交易或使用第三方支付平台提供收付款、自动分账、转账汇款等结算和支付服务。共享经济让金融市场成为一张去中心化的"扁平"网络，极大挤压了传统商业银行作为金融中介的生存空间，导致商业银行与非金融机构在信贷融资、吸纳存款、投资理财等领域的边界进一步模糊，使其在资产、负债等方面面临更加严峻的"脱媒"趋势。例如，P2P网贷、互联网众筹等共享金融模式，将资金方与需求方匹配起来，将资本市场和货币市场连接起来，将间接金融和直接金融联系起来,客户只要一部移动通信工具就可以完成贷款的申请、接收、偿清过程,完全不需要银行参与,形成了无中介化的金融市场。

(2)提升以大数据为基础的风险管控模式。传统的金融中介理论强调金融中介的作用是降低交易成本和信息成本,而随着金融市场的不断完善,金融中介在投融资过程中对交易成本和信息成本的作用在持续弱化。相反,风险管理业务才是金融中介的核心业务。未来银行要想成功,就必须善于通过数据分析、数据挖掘来提升对客户的认知,获取潜在的客户价值。谁能拥有海量数据并从中获取有价值信息的能力,谁就把握了未来。

在共享经济时代,大数据、云计算、物联网、移动互联网等信息技术的发展,有利于建立海量投融资信息数据库,发掘多维度投融资信息,构建"线上+线下""标准化+个性化"的服务体系。在此基础上,可以为客户提供投融资信息对接和项目匹配服务,从根本上解决投融资双方存在的信息不对称难题。

(3)扩大金融服务的可获得性。互联网技术降低了金融业的进入壁垒,导致传统金融机构与非金融机构的边界日趋模糊。大量互联网金融企业根据自身在数据信息积累与挖掘、信息传递、信息甄别、信息处理等方面的优势,不断向供应链、中小微型企业信贷等投融资领域扩张。在满足被商业银行忽视了的"零星碎片"但频繁发生的小众信贷需求的同时,亦在不断抢夺商业银行的优质客户资源、替代商业银行的物理渠道,从而对商业银行的核心业务及盈利空间带来冲击。例如,阿里小贷、余额宝等具备灵活、开放、快速等特征的 P2P 网贷平台和互联网众筹平台的出现,可以轻松触及传统商业银行无法触及或忽视的地方,挤占了商业银行潜在的信贷业务发展空间。

面对互联网金融快速发展的态势,商业银行也开始加大对新兴技术的运用,并呈现出后来居上的态势。商业银行服务的范围大幅增加,金融服务的可获得性大幅提高。以前只能更多关注大企业、大项目,现在也开始向中小微客户、个人客户、低收入阶层和弱势群体倾斜,服务的方式也更加多元和便捷。未来,智慧银行的发展目标也应该按照这一方向,实现金融服务的共享和金融普惠。

二、智慧银行的主要特点

智慧银行的主要特点在于其能通过智能技术的运用,实现智能感知、智能交互、智能分析、智能推断,做到近似于人的"认得见""听得清""说得出""读得懂""猜得准"(见图2-6)。

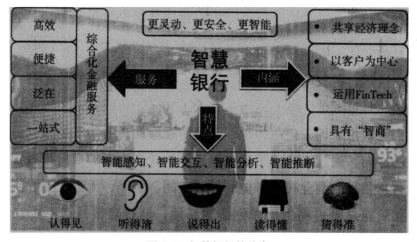

图2-6 智慧银行的特点

(一)智能感知:"认得见"

智慧银行要具备通过智能感知客户的能力,一方面要能够以安全高效便捷的方式实现对客户的身份识别;另一方面在识别客户的基础上能迅速读取客户数据,形成客户的全景视图。在传统模式下,银行通过要求客户输入密码实现对身份的识别认证。这一过程虽然安全程度高,但是在许多情形下仍然显得流程复杂,用户体验不佳。随着生物识别技术的进步,对于用户的身份识别手段更加多样,且更为便利,银行得以为用户提供更加流畅的用户体验。在识别客户的基础上,智慧银行应能够实时调取客户的全景视图,从而为客户提供针对性、个性化的服务打好基础。这要求智慧银行能够整合各子公司、各条线、各渠道的信息,完整呈现客户的基本情况、金融特征和消费习惯等数据。

(二)智能交互:"听得清""说得出"

智慧银行通常应具备与客户智能交互的能力。这主要表现在"听得清"和"说得出"两方面:第一,应具备"听得清"的能力。随着自然语言处理技术的逐渐成熟,智慧银行应该逐步具备自然语言识别的能力。也就是说,客户以自然语言表达自身的需求,银行的智能助理服务或智能机器人能够理解客户所表达的意思,进而在此基础上做进一步的分析、处理和反馈。第二,智慧银行还应具备"说得出"的能力。银行的智能机器人可以通过自然语言的形式,将分析处理结果向客户进行反馈,以人类易于理解的语言与客户进行沟通。此外,智慧银行还应将各类新兴的技术成果加以应用,实现与用户的全方位互动。

(三)智能分析:"读得懂"

智慧银行应具备自动化的分析能力。第一,智慧银行应打造自动化的分析评估能力。大数据时代的来临,使得用户信息和数据大大增加,智慧银行应充分运用大数据分析技术,结合银行内部的用户数据,并从外部渠道获取相关数据,加深对用户数据的分析挖掘,从而高效快速地获得对用户财务状况、信用状况、风险特征、消费偏好等的认识。第二,智慧银行还应能够动态跟踪客户信息的变化。通过互联网等技术手段,跟踪客户财务状况的变动、把握客户的消费动向,形成一个动态的客户视图,从而为更快地响应客户需求打好基础。第三,智慧银行不仅应能读懂客户,还应具备读懂外部环境的能力。商业银行应借助人工智能、认知计算等技术,实现对外部宏观环境、政策变化、市场波动等的跟踪分析。

(四)智能推断:"猜得准"

在智能识别、智能分析的基础上,智慧银行还应做到智能推断。推断、预测可以说是认知计算领域的难点。但随着神经网络、深度学习等人工智能技术的进步,未来机器人在推断、预测方面有望取得更大的突破。Google 的人工智能 AlphaGo 战胜世界围棋顶级高手李世石,就表明了人工智能在分析、推断上所取得的巨大进展。要成为一家真正的智慧银行,商业银行就需要将人工智能技术加以充分运用,能够通过构建有效的算法,对客户需求作出预测,对未来的市场走势进行判断,进而为客户提出合理的产品服务建议。就像把人工智能技术运用到投资理财领域,智能投资顾问可以根据客户的资产状况、风险偏好、投资目标,结合市场形势,为客户提出量身定做的投资建议。

商业银行可以运用共享经济思维模式和 FinTech,构建智慧银行体系架构。具体而言,围绕客户为中心就必须考虑客户的各类应用场景,而 FinTech 可以嵌入场景,成为连接客户与金融服务的切入点。在前端,移动通信技术、人机交互技术、生物特征技术等都可以为客户接入提供支持,成为客户接入银行各类金融服务的“端”口,使得客户一站式接入成为可能。在后端,商业银行通过建立“云”架构,并开放相应的接口,可以使相关合作机构接入,共同为客户提供服务,同时可以共享各机构数据,挖掘客户的潜在需求,实现精准营销。因此,智慧银行可以通过“云+端”的扁平式架构实现共享经济模式,更好地为客户提供服务,同时也让更多的客户享受到银行提供的服务,实现金融的普惠。此外,如果说“云+端”的架构实现了智慧银行的广度,能够极大地拓展智慧银行服务的空间和时间,那么人工智能就代表了智慧银行深度。通过各类“智能”技术的发展与应用,智慧银行真正实现了机器取代大多数简单重复人力劳动的可能,使人类解放双手并运用人类智慧思考更具创造力和人类情感的金融服务。

总之,正因为有了 FinTech 的发展,通过建立“云+端+智能”的智慧银行架构,才能真正使得共享经济模式得以实现,充分发挥共享经济和技术进步的优势,为更多的客户提供更贴切、更便捷的服务。

三、智慧银行体系的构建

目前,商业银行发展呈现以下三个趋势:一是原有的信息技术(IT)架构正在向数据技术(DT)架构转变;二是以人工智能和大数据为核心的金融科技(FinTech)快速发展;三是商业银行的系统架构和应用模块也需随之转变,向智慧银行转型。在此背景下,智慧银行建设路径主要集中在三个层次,即基础架构、智能应用平台、一站式智能终端门户。前面在阐述智慧银行的核心要义的时候,也提到:在架构上,商业银行将按照"云+智能平台+端"的技术路径来发展,所以,这里具体分析"云+智能平台+端"智慧银行体系的构建。

(一)底层:打造云基础架构

智慧银行的基础架构应以云计算为核心,采用顶层设计架构,自上而下,实现互联互通,满足数据传输的高效率与安全性,建构动态、高效、开放式、弹性、敏捷的 IT 系统架构。在此基础上,秉持"痛点"思维,深度融合大数据和人工智能技术,按照客户需求驱动技术应用的思路,以更先进的智能设备和流程,为客户提供高效、便捷、泛在、一站式的综合性金融服务。

1. 打造混合云架构,推动架构转型

贯彻落实《中国银行业信息科技"十三五"发展规划监管指导意见(征求意见稿)》关于积极开展云计算架构规划、深入开展云计算应用、联合建立行业云平台、主动实施架构转型的相关要求,加快推进 IT 架构转型。一是大力推动新一代架构平台的推广应用,促进新老架构融合,充分发挥新一代架构的松耦合、高灵活、产品化特点。二是在持续推进私有云架构的基础上,探索打造混合云基础架构,推进 IT 基础平台向更加弹性、开放的方向发展。同时,加快将面向互联网场景的主要信息系统迁移至云计算架构平台。

2.构建集团共享的数据仓库,实现数据互联互通

(1)搭建云存储系统,建立针对集团各类业务流程与要素相关数据的存储和运用规则,从底层架构出发构建集团共享的数据仓库,有效支持客户、产品等数据共享。

(2)在合规的前提下,加强政府、企业、社交网络等外部数据引入,建立结构化和非结构化数据的采集、处理、存储、使用等机制,构建全息数据库,以支持产品服务创新、风控等。

(3)构建封装式数据库,并以开放式 API(Application Program Interface)连接外部合作伙伴,推进产品服务的场景化创新,并支持智能应用平台开发。

(二)应用层:打造基于大数据及人工智能的智能应用平台

1.智能营销平台

智慧银行体系建立后,借助大数据分析和智能技术,营销将变得更加精准且方式多样,提升客户服务质量和降低成本支出。

(1)基于 API,推动融入生态圈。一方面,智慧银行可以开放 API 对接各种合作机构;另一方面,智慧银行也可以主动接入合作机构的 API,积极融入生态体系中。在 API 经济下,智慧银行通过对数据的整合,获得更多客户的信息,进而融入客户生产和生活的生态圈,拓展获客及营销渠道,并在客户生产和生活旅程中嵌入金融服务,做到大象无形,无处不在。

(2)实现靶向营销、交叉销售和产品加载。大数据正使得银行营销从"经验依赖"向"数据依据"的转化。借助大数据分析技术,建立客户行为预测模型,主动识别客户及其潜在需求。客户在生产和生活中总有关注点或者个人偏好,传统的营销模式中,总是设计问卷让客户自己去填关注的内容,这样一方面客户会因为隐私而不透露个人喜好,另一方面会因为一时想不起来或者喜好随着时间而变动,从而导致营销变得很没有意义。智慧银行通过对客户旅程的实时监控,以及生态中的各合作机构的数据共享,可以实时分析出客户的生活和消费习惯、产品偏好、风险特征,并进一步预见客户可能需要的金融产品,实时了解客户需求,进而进行靶向精准营销。这种靶向精准营销机会,不仅可以静态推送,而且可以实时动态发现,甚至可以通过客户在某个商品前的驻足,或者在手机 App 中的多次点击中发现潜在营销机会,实现智能营销推送。

(3)提供定制化的产品服务。打造智能营销推荐引擎,实时挖掘基于互联网和社交媒体的信息,提供定制化、实时的营销事件推送。这些产品是以客户正在发生的数据为基础开发,做到随时随地服务,时间和空间不再滞后,甚至比客户预见到自己需求的时间还要早,还要准确。利用自然语言处理技术解析实时事件,并通过情感化分析后推送相关事件信号,促进存量客户二次营销、公私联动营销、关联企业营销等。此外,还可以充分发挥互联网开放平台的优势,利用众创、众包、众扶、众筹等开放式平台,与用户同时设计和开发产品,这比银行封闭式的开发产品再去营销市场要更符合客户需求。

(4)推动各类服务入口的系统集成建设,打造多元化智能营销渠道。伴随着商业银行的发展,从线下网点到电话银行,再到网上银行、手机银行、微信银行等,传统银行逐渐扩展营销渠道。但随之而来的矛盾就是各渠道之间的割裂,不仅体现在各渠道部门分别经营,而且体现在产品与服务的逻辑矛盾上,给客户带来不好的体验。在智慧银行体系中,通过智能技术等数字化手段,可以打破各渠道之间的壁垒,使得客户服务和客户营销渠道得到整合,打造多元化智能营销渠道,客户随处可以通过不同的渠道得到相同的服务。

2.智能客户关系管理平台

在金融产品营销之外,客户管理也至关重要,具体涵盖金融产品和服务两个维度。在智慧银行中,智能客户管理成为重要的应用领域。

(1)在客户数据共享的基础上,构建全方位客户数字化视图。传统银行一直在进行客户画像,但是每个客户都不同,用来刻画客户特征的维度会很多,这将导致千人千面的困局,无法对客户进行统一归类管理。然而,商业银行借助大数据、深度神经网络的学习与分类等方法,可以对客户进行360°画像,构建全方位、多维度的数字化客户视图。

(2)利用大数据、机器学习、图像识别、业务流程管理等智能处理技术,重新定义客户旅程,实现(前)端到(后)端的数字化,提升客户体验。

(3)实时动态追踪客户足迹,建立统一的客户成长体系与权益体系。目前无论是客户在实体网点的物理移动轨迹还是在手机 App 中的操作轨迹,依托生物特征、人工智能和物联网等技术,都能被实时监控并详细记录。通过实时动态追踪客户足迹,建立客户成长模型,促进客户挖潜、提升客户权益和客户价值贡献,从而达到为客户贴身服务的目标。

(4)整合内外部数据,建立客户征信体系。我国目前个人征信较为缺乏,通过对客户在智慧银行内部和外部各类数据的整合,可以利用人工智能和数学统计模型建立个人征信体系,这将有效支撑客户主动授信白名单的形成和线上信用贷款的快速审核,最终达到服务支撑营销的作用。

3.智能风险管理平台

风险控制是商业银行永恒的主题,智慧银行应运用智能技术打造智能风险管理平台,全面提升风险管理能力。

(1)利用机器阅读、在整合内外部数据资源的基础上,针对市场风险、信用风险、操作风险、流动性风险、押品、组合管理等建立数字化风险量化模型,实现自动化风险计量、风险自评和风险报告。

(2)基于大数据分析,打造全流程、全视角的可视化风险仪表盘,实时掌握全行风险轮廓,并据此开展区域、行业、客户、产品等维度的限额管理。

（3）构建大数据风险监测体系,实现风险的智能化识别、预警、动态监测、处置等全流程风险管理,并运用于客户准入、审查审批、贷后管理、员工行为监测等环节。

4.智能合规管理平台

（1）利用机器阅读、语义分析、图像识别等技术,推进合规管理制度的数字化管理和应用,并内嵌入相关业务和管理系统中,通过设定触发条件,实现合规风险管理的实时化、自动化和智能化。

（2）结合专家智慧和人工智能,借助多维模型交叉验证等,建立 $7×24$ 小时不间断的反洗钱、反欺诈智能监测系统。在金融科技的冲击下,全球支付结算体系正受到智能技术的冲击,洗钱的渠道从传统的地下钱庄正转向以比特币为代表的新型支付体系,给反洗钱、反欺诈工作带来巨大的挑战。智慧银行只有建立更为全面立体的监测系统,对客户的资金流向、资金用途进行更为全面深度的证实与证伪,借助数学模型交叉验证,才能从更广的维度去进行"双反"工作。更为重要的是,洗钱、欺诈等行为带有隐蔽性,靠人力很难监控到违法的蛛丝马迹,只有人工智能系统才能担此重任,实现 $7×24$ 小时不间断地监控反洗钱、反欺诈中的特征,并实时预警。

（3）根据监管口径对相关数据进行定义和确认,建立合规风险管理数据仓库,并使用大数据分析技术实现合规检查、合规审核、合规考核、监管报告的自动化处理。

（4）建立多维度、立体化的员工行为数据集市,构建智能合规预警系统,强化员工行为管理。

5.智能审计平台

智能审计是智慧银行风险管理的最后一道屏障,需要予以重视。

(1)利用机器阅读等技术,通过快速阅读审计文本文件挖掘和构建相关数据集市,并替代人工,为后续开展审计大数据分析奠定数据基础。

(2)建立审计数据分析中心,运用大数据手段开发数字化审计模型和审计方法,为开展集团审计提供非现场数据分析服务,并逐步推动审计工作由"抽查"转向"全查"。传统审计方法是从会计数据中寻找违规指标和造假元素,并没有充分运用金融科技手段。在大数据爆发式发展的浪潮下,各种各样的数学模型和大数据应用可以被加载在审计数据库上,能够代替人工直接发现数据中的问题。此外,随着人工智能的发展,过去审计中发现的案例可以用于训练人工智能模型,训练后的模型能够从纷繁复杂的数据中找到和过去类似的数据,进而预警风险。

(3)建立 7×24 小时不间断的数字化审计监督中心,根据既定业务逻辑进行自动化判断,加强对高风险机构、高风险客户、重点员工关联交易等领域的日常监控,实现风险的预警和防范。

6.智能运营平台

(1)针对运营要素、流程、服务等进行标准化、集约化和数字化改造,逐步实现运营业务无纸化、无章化、无卡(操作员卡)化,以构建 5A 新服务〔能够实现在任何时间(Anytime)、任何地点(Anywhere),由任何柜员(Any Operator)对任何客户(Any Customer)提供任何服务(Any Service)〕为目标,打造集团共享的智能运营服务平台。

(2)推进渠道整合,加快新型智能设备的研发与推广,打造线上线下融合的数字化渠道,实现轻型化、智能化运营。

(3)构建数字化的运营内控体系,加快推广远程授权、集中监控等项目,削减内控层级,改进内控手段,用机控取代业务流程中的人工干预。

7.智能交易平台

(1)运用大数据方法建立预测模型,开展自动化、智能化金融市场行情分析,实时预测市场走势,给出操作策略建议。一方面,在传统交易过程中专家经验需要程序进行固化;另一方面,每天市场的报告和关联交易需要机器主动去阅读分析并给出最终建议。这两个方面结合可以为智慧银行智能交易提供前瞻性预判。

(2)针对外汇、贵金属、大宗商品、债券等金融产品建立基于大数据、人工智能的自动交易程序,开展智能化、程序化、量化和高频金融市场交易。随着各家机构对智能化手段的应用,市场的套利机会将迅速被发现并获利。通过人工智能、大数据等手段对高频交易中的机会进行挖掘,当套利条件出现时,系统可以自动进行交易,进而完成盈利。

(3)借助神经网络、机器学习等技术,在对相关模型和策略进行实时、动态分析的基础上,进行迭代式校准,不断提升模型和策略的精准性。智能交易平台的机器学习具有反馈机制,可以自动分析模型和策略运行的结果,进行动态评估与调整。人类智慧具有很强的自我更新能力,发现错误能够及时纠正并调整,传统非智能的机器交易系统却只能机械交易,不具备调整策略的能力。随着人工智能的发展,智能交易平台可以结合人类智慧与机器交易的优势,自动分析交易模型和策略运行的结果,对模型和策略进行评估和动态调整,提升效率的同时能够实时修正,打造更为智能、高效的交易系统。

8.智能投研投顾平台

近些年来,随着人工智能的发展以及客户投资理财需求的爆发,智能投顾成为各家银行发展的重点。针对客户的投资理财需求,智慧银行打造智能化决策支持平台,为客户提供科学的投资理财组合,在控制风险的同时尽可能提高客户收益率。

(1)推出投顾机器人。使用元组模型(关系式数据)或对象模型(类 XML 半结构化数据)对客户投资偏好和风险偏好进行精确画像,然后从大量金融产品中筛选出可用的组合与择时策略进行匹配,为客户提供交易通道、订单生成、仓位与期限配置管理等专业化智能投顾服务。

(2)利用自然语言处理、知识图谱建模、网络爬虫、机器阅读等技术,为客户提供研究报告、资讯推送、操盘建议等专业化的智能投研服务。

(3)推出客服机器人。利用大规模知识处理、自然语言理解、知识管理、自动问答等技术开展场景建模、语境建模和用户建模,并有效衔接动态知识库,为客户提供产品资讯、问题解答、金融风险教育、产品推介等智能客户服务。

(三)界面层:打造面向使用者的一站式智能终端

(1)建立集团统一的会员体系,并借助大数据、人工智能等技术,打造面向客户的"千人千面"的一站式门户(界面),为客户提供一站式金融解决方案,提升客户服务体验和客户价值贡献。

(2)在科学界定管理权限、层级的基础上,按照分层分类的原则,打造面向各级高级管理人员的智能终端(界面),实现智能决策。

(3)在对业务属性进行分类的基础上,建立面向客户经理、风险经理、财务人员、运营人员、客服等银行内部人员的专属化智能终端(界面),提升数字化经营管理能力。

第三章　智慧物流

物流发展"十三五"规划中提出，要发展智慧物流，适时研究制定"互联网＋"货物与物流行动计划，深入推进移动互联网、大数据、云计算等新一代信息技术的应用。[①] 2018 年 5 月 6 日，交通运输部副部长刘小明出席第三届中国智慧物流品牌日峰会并致辞。他表示，交通运输部将深入贯彻党的十九大精神，以习近平新时代中国特色社会主义思想为指导，以全面推进交通强国建设、深化交通运输供给侧结构性改革、促进物流业转型升级为主线，着力降成本、补短板、强服务、优环境、增动能，推进物流高质量发展取得更大成效。发展智慧物流是大势所趋，是实现我国物流业进一步转型升级的必经之路。

第一节　现代物流在我国的发展现状

一、现代物流的概念及发展情况

(一)现代物流概述

1.现代物流与传统物流的区别

随着社会生产和科学技术的不断发展，传统物流也不断发展，逐渐迈入了现代物流的发展阶段，其标志是物流活动领域中

---

① "十三五"物流发展明确七大重点［EB/OL］. http://politics.people.com.cn/n/2015/0422/c70731－26887826.html.

各环节的技术水平得到不断的提高。

现代物流是一个相对概念，是相对于传统物流而言的。现代物流是在传统物流的基础上，引入高科技手段，即运用计算机进行信息联网，并对物流信息进行科学管理，从而使物流速度加快，准确率提高，库存减少，成本降低，以此延伸和放大传统物流的功能。它将运输、仓储、装卸、包装、加工、整理、配送、信息等方面有机结合，形成完整的供应链，为用户提供多功能、一体化的综合性服务。现代物流与传统物流的区别主要有以下几点：

（1）物流企业管理的差异。传统物流无统一服务标准，企业通常采用分散的、传统的、人工的管理，侧重点到点或线到线服务；而现代物流企业实施标准化服务，采用的是现代化、信息化、全面质量管理系统的管理，强调构建全球服务网络。

（2）信息系统建设的差异。传统物流实行人工控制，无外部整合系统，没有 EDI（Electronic Data Interchange，电子数据交换）联系，更没有卫星跟踪系统；而现代物流实施信息系统，广泛运用 EDI 及卫星跟踪系统。

（3）物流服务模式的差异。传统物流服务模式只提供简单的位移，与客户的关系是建立短期合约，以价格竞争和标准服务赢得客户；而现代物流服务模式，提供增值服务，与客户通常是战略合作伙伴的关系，通常以降低成本、提供增值和定制物流服务满足客户的需求。

（4）服务功能和物流组织上的差异。一般传统物流服务功能是相对独立的单一环节的管理，因此不具备控制整个供应链的功能；而现代物流强调的是对供应链的全面管理和有效控制，强调物流功能的整合和系统优化。

现代物流是一个全新的系统概念，包含了产品寿命周期的整个物理性位移的全过程，使传统物流向生产、流通及消费全过程延伸，并且添加了新的物流内涵。现代物流使社会物流与企业物流有机地结合起来，即从采购物流到生产物流到销售物流直至消费终端。

2.现代物流的特征

(1)电子化。现代物流积极运用计算机信息技术,这在很大程度上增强了物流过程的可视性,物流过程中库存积压、延期交货、送货不及时、库存与运输不可控等风险大大降低,从而可以加强供应商、物流商、批发商、零售商在组织物流过程中的协调和配合,以及对物流过程的控制。

(2)专业化。物流专业化是社会分工的必然结果,物流专业化本身至少包括两个方面的内容:在企业中,物流管理作为企业一个专业部门独立地存在着并承担专门的职能,随着企业的发展和企业内部物流需求的增加,企业内部的物流部门可能从企业中游离出去成为社会化和专业化的物流企业;在社会经济领域中,专业化物流企业的出现,提供着各种不同的物流服务,并进一步演变成为服务专业化的物流企业。专业化的物流实现了货物运输的社会化分工,缩短了供应链,降低企业物流成本,减少资金占用和库存,提高物流效率,在宏观上可以更加优化地配置社会资源,充分地发挥社会资源的作用。

(3)现代化。现代化是现代物流最基本的特征之一,现代物流使用先进的技术、设备与管理为销售提供服务,生产、流通、销售规模越大,范围越广,物流技术、设备及管理越现代化。计算机技术、通信技术、机电一体化技术、语音识别技术等得到普遍应用。世界上最先进的物流系统运用了GPS(全球卫星定位系统)、卫星通信、射频识别装置(RFID)、机器人,实现了自动化、机械化、无纸化和智能化。

(4)系统化。现代物流从系统的角度统筹规划一个公司整体的各种物流活动,处理好物流活动与商流活动及公司目标之间、物流活动与物流活动之间的关系,不求单个活动的最优化,但求整体活动的最优化。

(5)市场化。随着社会整体市场化程度的加深,现代物流也具备了显著的市场化特征,这标志着一个国家的市场化高度发达。现代物流的具体经营采用市场机制,无论是企业自己组织物流,还是委托社会化物流企业承担物流任务,都以"服务—成本"的最佳配合为总目标,谁能提供最佳的"服务—成本"组合,就找谁服务。国际上既有大量自营物流相当出色的"大而全""小而全"的例子,也有大量利用第三方物流企业提供物流服务的例子。比较而言,物流的社会化、专业化已经占到主流,即使是非社会化、非专业化的物流组织也都实行严格的经济核算。

(6)网络化。为了保证对产品促销提供快速、全方位的物流支持,现代物流需要有完善、健全的物流网络体系,网络上点与点之间的物流活动保持系统性、一致性。这样,才能保证整个物流网络有最优的库存总水平及库存分布,运输与配送快速、机动,既能铺开又能收拢。分散的物流单体只有形成网络才能满足现代生产与流通的需要。

(二)现代物流的发展现状

1.现代物流地区发展不平衡

我国物流业相较于发达国家起步较晚,目前正处于产业结构升级的关键时期。国民经济、消费、观念等很多方面都存在很大差距,物流企业、物流设施、物流业务都集中在几个重要的发达城市,形成辐射力极强的物流中心城市;而对于交通比较落后、经济不发达的偏远地区物流发展速度缓慢,现代物流出现了地区发展不平衡的情况。

2.现代物流发展缺乏政策支持

目前,我国缺乏对现代物流发展的政策支持,加之物流企业内部存在不同的管理部门,导致现代物流发展面临复杂困境。目前物流业正处于起步发展阶段,相应的方针政策尚不完善,很难促进物流的快速发展。物流公司对于政策的强力需求,政策的供求不平衡是长期制约物流快速发展的重要环节。

3.物流企业成本高,信息化水平低

目前我国的道路交通已经比较完善,铁路、高速、公路已经构成了四通八达的交通网。物流企业正是在此基础上通过人力、物力发展物流业务。物流发展具有极大的灵活性,能够增加企业对物流活动的掌控力,由于一些小的物流公司规模有限,导致运营成本一直居高不下。再有一些物流公司信息化水平较低,有的虽然配备了办公设施但是内部系统比较简单,没有形成系统的网络管理模式,也没有应用数据库进行数据管理,没有采用先进信息管理技术,物流管理软件的应用范围还比较小,物流业务实施情况不容乐观。因此,现代物流信息技术落后是物流发展的严重阻碍,是现代物流发展需要急需解决的问题。

二、智慧物流的产生及发展

(一)智慧物流产生的背景

电子商务在近几年得到了快速发展,据调查显示,2017 年1-9月,全国832个国家级贫困县实现网络零售额818.1亿元,同比增速高达53.1%,高出整体增速14.8个百分点[1]。当前,中国电子商务产业成为消费增长的重要来源之一,由此产生的庞大包裹量推动物流领域逐步走向智慧化。但是,目前中国物流发展水平远远不能满足电子商务发展的需求。据统计,中国电子商务每年以200%~300%的速度快速发展,但物流增速只有40%,尤其在节假日、电商促销时,快递物流公司频频出现"爆仓"现象,再加上物流水平不高,存在到货慢、货物丢失、商品损毁、送货不到位等问题,成为消费者主要的投诉对象之一[2]。

---

[1] 央视财经:《2017 中国电商年度发展报告》(全文)[EB/OL]. http://www.100ec.cn/detail--6423929.html.

[2] 胡荣.智慧物流与电子商务[M].北京:电子工业出版社,2016,第38页.

在电子商务逐渐成熟的今天,人们生活的各个方面都与其产生了紧密联系,电子商务物流迎来巨大发展空间的同时也面临着升级的挑战,比如更快的速度、更低廉的价格、更优质的服务等。这一过程,就是实现物流产业智慧化的前奏。

2009年,奥巴马在谈及美国国家战略时强调了"智慧的地球"这一课题,他指出,进一步发展IT产业就是将新一代IT技术充分运用在各行各业之中。具体地说,就是把感应器嵌入和装备到电网、铁路、桥梁、隧道、公路、建筑、供水系统、大坝、油气管道等各种物体中,并且被普遍连接,形成所谓的"物联网",然后将"物联网"与现有的互联网整合起来,实现人类社会与物理系统的整合。在这个整合的网络当中,存在能力超级强大的中心计算机群,能够对整合网络内的人员、机器、设备和基础设施实施实时的管理和控制。在此基础上,人类可以以更加精细和动态的方式管理生产和生活,达到"智慧"状态,提高资源利用率和生产力水平,改善人与自然之间的关系。

IBM具有敏锐的时代触角,在IT行业实现进一步发展的同时,提出要建立一个面向未来的具有先进、互联和智能三大特征的供应链,通过感应器、RFID标签、制动器、GPS和其他设备及系统生成实时信息的"智慧供应链"概念,紧接着"智慧物流"的概念由此延伸而出。"智慧物流"更重视将物联网、传感网与现有的互联网整合起来,通过以精细、动态、科学的管理,实现物流的自动化、可视化、可控化、智能化、网络化,从而提高资源利用率和生产力水平,创造更丰富社会价值的综合内涵。

同样是在这样的全球背景下,温家宝在2009年8月7日提出了"感知中国"的理念,他提出中国要抓住机会,大力推进我国的物联网技术发展。同年11月3日,温家宝再次指出,要着力突破传感网、物联网关键技术。同时,国务院《物流业调整和振兴规划》提出,积极推进企业物流管理信息化,促进信息技术的广泛应用;积极开发和利用全球定位系统(GNSS)、地理信息系统(GIS)、道路交通信息通信系统(VICS)、不停车自动交费系统(ETC)、智能交通系统(ITS)等运输领域新技术,加强物流信息系统安全体系研究。2010 年,物联网成为当年"两会"的热门话题,"积极推进'三网'融合,加快物联网的研发应用"首次写入政府工作报告。同时,一系列物联网发展相关的产业政策陆续出台。2011 年 8 月,《国务院办公厅关于促进物流业健康发展政策措施的意见》继续强调,加强物流新技术的自主研发,重点支持货物跟踪定位、无线射频识别、物流信息平台、智能交通、物流管理软件、移动物流信息服务等关键技术攻关。适时启动物联网在物流领域的应用示范。两项政策都从国家宏观层面,强调了发挥地理信息系统等关键信息技术在物流信息化中的作用。

随着科学技术不断创新和进步,各种高新技术的应用不断发展并成熟,如智能标签、无线射频识别(RFID)、电子数据交换(EDI)技术、全球定位系统(GNSS)、地理信息系统(GIS)、智能交通系统(ITS)等。在这样的背景下,国内有越来越多的行业已经开始积极探索物联网在物流领域应用的新模式,实现智慧物流,以较大幅度地提高资源利用率和经营管理水平。

在上述背景下,同时结合物流业的发展实际,充分考虑物流业是最早接触物联网的行业,也是最早应用物联网技术,实现物流作业智能化、网络化和自动化的行业,2009 年 12 月,中国物流技术协会信息中心、华夏物联网、《物流技术与应用》编辑部联合提出"智慧物流"的概念。智慧物流理念的提出,顺应历史潮流,也符合现代物流业发展的自动化、网络化、可视化、实时化、跟踪与智能控制的发展新趋势,符合物联网发展的趋势。

按照中国物联网校企联盟解释,智慧物流是利用集成智能化技术,使物流系统能模仿人的智能,具有思维、感知、学习、推理判断和自行解决物流中某些问题的能力,即在流通过程中获取信息从而分析信息作出决策,使商品从源头开始被实施跟踪与管理,实现信息流快于实物流,即可通过 RFID、传感器、移动通信技术等让配送货物自动化、信息化和网络化。

目前,智慧物流技术也在不断发展并成熟。习近平总书记在党的十九大报告中指出,要"加强水利、铁路、公路、水运、航空、管道、电网、信息、物流等基础设施网络建设。"我国"十三五"规划中明确指出,要"发展智慧物流,适时研究制定'互联网＋'货物与物流行动计划,深入推进移动互联网、大数据、云计算等新一代信息技术的应用"。

从整体上来说,"智慧物流"主要有以下三方面的特征:①运用现代信息和传感等技术,运用物联网进行信息交换与通信,实现对货物仓储、配送等流程的有效控制,从而降低成本、提高效益、优化服务;②通过应用物联网技术和完善的配送网络,构建面向生产企业、流通企业和消费者的社会化共同配送体系;③将自动化、可视化、可控化、智能化、系统化、网络化、电子化的发展成果运用到物流系统。简而言之,所谓"智慧物流",就是运用物联网和现代某些高新技术构成的一个自动化、可视化、可控化、智能化、系统化、网络化的社会物流配送体系。

(二)智慧物流新发展

1.生鲜冷链物流

近年来,由于食品安全事件频频发生,消费者越来越重视食品的品质和安全性,这对相关企业提出了新的要求,但同时也为它们带来了全新的发展契机。自 2009 年开始,我国便涌现出一大批生鲜电商。虽然业界人士认为生鲜电商"好看不好做",但仍有大量的企业涉足生鲜市场中。

我买网、顺丰优选、一号生鲜、本来生活等企业在生鲜市场注入大量资金;天猫、京东、苏宁等也不断搅热生鲜市场。2015 年 5 月 26 日,亚马逊联合其五大合作伙伴——美味七七、21cake、都乐、獐子岛和大希地,入局生鲜市场。而山东航空也在 2014 年 5 月 20 日试水生鲜市场。各个行业纷纷进入生鲜市场,成为角逐的新势力。顺丰优选网站界面如图 3-1 所示。

图 3-1　顺丰优选网站界面

　　生鲜电商的发展很大程度上受物流行业制约,对于生鲜产品来说,物流运输具有重要作用。如果运输过慢或者运输设备较差,就可能导致生鲜产品变质腐烂,从而引起消费者不满,不利于电商发展,然而快速高质的运输可以成为生鲜电商的制胜法宝。当前,我买网,顺丰优选等都在物流方面下足功夫,大大提升了物流的速度和质量,旨在为消费者提供令他们满意的物流服务。速度优先和凭仓储制胜是生鲜电商获得成功的关键,顺丰优选主打速度,我买网主打仓储。

　　(1)生鲜电商物流存储情况。虽然生鲜电商为保证食品质量采取了各种应对措施,但始终避免不了仓储的环节。即使运输距离再短,存储的问题也无法忽视。而"好看不好做"也是冷链的最后一环。众所周知,生鲜食品的决胜秘诀就是"鲜",保鲜或是做鲜,无论哪种方式都离不开仓储的有力支持。

　　从顺丰优选和我买网的经营战略可以看出,当前我国生鲜电商市场的主要竞争方式有两种:一种是提高产品的运输速度;另一种是提高自身的仓储能力。保鲜对仓储的要求非常高,需要将仓储划分为不同的区域,分别负责冷冻和冷藏,实现不同的水果蔬菜对温度的需求。我买网在北京、杭州、广州建立生鲜存储基地,顺丰优选在华东、华南地区建立仓库存储生鲜。

　　生鲜电商兴起以前的水果、蔬菜市场对保鲜度要求较低,通常是在水果、蔬菜成熟之前就采摘下来,由物流企业运到各地的水果、蔬菜市场,在运输途中几乎不采取任何保鲜措施,等到达目的地之后,水果、蔬菜已基本成熟。水果、蔬菜市场对保鲜度的要求使生鲜电商看到了商机。

随着生鲜电商进入人们的生活,蔬菜、水果的新鲜程度得到了显著提升,仓储水平也得到了显著提高。生鲜电商采取冷链技术,使产地直采的水果、蔬菜能够在低温环境下运输,保证食品质量、减少损耗。

(2)生鲜电商的仓储能力与订单处理速度。对于传统物流行业来说,仓储的目的在于存放货物,这些货物与生鲜产品不同,并不需要考虑冷藏保鲜等问题,但是仓储始终在物流行业中具有十分重要的作用。

实际上,各个行业的转型已成为未来商业发展的新趋势,物流行业也在积极整合,调整产业结构,尤其是在仓储方面。具体表现在温控和检货上,采用智能化的温控手段,以及自动化的拣货、集货模式。目前,我买网的华北常温新仓已启用自动化分拣技术,包括自动化立体仓库、输送分拣系统、高速分拣机等。自动化的管理方式将大大节省人力资源,提高工作效率。

(3)海外直采划分生鲜电商市场。随着人们生活水平的不断提高,人们对食品的要求也越来越高,国内的食品已经不能满足消费者日益增长的需求,海外市场的开拓成为各大电商的目标。我买网、天猫、京东、亚马逊等生鲜电商看好海外食品市场,纷纷上线经营进口食品。

生鲜电商经营海外生鲜食品的模式跟经营国内水果、蔬菜的模式大同小异,都是在海外基地直采、产地直采之后,经过入库、出库配送到消费者手中,在配送的过程中依旧采用冷链物流。海外生鲜电商看似经营容易,实则不是一般的生鲜电商所能做到,目前只有我买网、亚马逊等生鲜电商以及华润万家上线海外直采项目。

对于海外生鲜到国内经营来说,一个最关键的问题在于物流,必须保证海外生鲜从采摘到运输到目的地这个过程有高质量的运输支持,但是并不是所有电商企业都具备冷链配送以及仓储过程中的冷藏、冷冻、恒温能力。像美驻华农贸处强力推荐的美国车厘子以及意摩提可可夹心松露型巧克力等食品就需要精确的温控设施才能实现保鲜。显而易见,这对物流仓储提出了新的要求。

鉴于此,我国各大电商开始建设生鲜仓储基地,2013 年我买网就在苏州、广州建立了自己的生鲜仓库,并对该仓库进行科学化分类储运管理,为生鲜电商提供了冷链标准;同年,顺丰优选在华东、华南建立仓库;而阿里巴巴、京东等生鲜电商的冷链建设却备受质疑,其他生鲜电商则以合同方式将冷链物流活动委托给专业的冷链物流企业。

随着人们越来越重视食品安全,生鲜电商得到了发展契机。而生鲜电商的发展又有力促进物流行业的整合升级,使得智能设备更新、软件系统升级、输送线更完善,尤其是在冷链方面,出现了冷冻、冷藏、恒温等技术。

从整体上看,生鲜电商拉动了物流行业的变革,使物流仓储行业有序工作,为物流业提供了新规范,主要表现在以下五点,如图 3-2 所示。

图 3-2　物流业新规范

第一，恒温技术。这项技术是针对那些需要恒温保存的食品，如巧克力、红酒以及高温高湿期间的粮油米面等。

第二，有序仓储。利用高位货架以及楼阁货架等，扩大仓库存储面积，提高存储货物量，库房利用率增加150%。

第三，输送线。通过构建科学合理的输送线，可以很大程度上减少运输过程中的时间成本和人力资源的耗损和浪费。

第四，拣货、集货模式。多个区域同时进行的拣货、集货模式，能够有效提高工作效率和货物配送速度。

第五，仓库设备控制系统。协调各种物流设备，提高分拣效率和处理订单能力。

以上几点就是生鲜电商为物流仓储提供的新规范，同时也是我买网打造的物流仓储新规范。

当前仍有一部分人对生鲜市场存在质疑，但是这个市场拥有广阔的发展空间是不争的事实，这也是各个行业都纷纷涉足生鲜电商市场的原因，他们都希望可以从这巨大的市场上获利。但并不是每个企业都会在生鲜市场赚得盆满钵满，只有提供完善的冷链物流，确保食品的质量安全，无损耗变质，才会在生鲜市场占据一席之地。

当前阶段，生鲜市场的竞争已进入白热化阶段，在物流仓储和产地直供两方面展开角逐，这预示着，生鲜市场追求货物配送的速度化、产品品质的新鲜度，而无法做到这两点的生鲜电商，只能被市场淘汰。

2.物流＋供应链金融

（1）供应链金融带来的巨大价值。供应链金融是指银行以核心企业为中心，通过有效管理上下游企业的资金流、物流等内容，实现对各类信息的多维获取整合，从而通过更加灵活的金融产品和服务将单个企业不可控的风险转变为供应链中企业整体的可控风险。

在供应链金融的融资模式下，供应链内的企业通过资金这一融合剂，实现了更紧密的联动，内部成员的流动性和有机联结得到了稳固提升,更加适应互联网商业市场从企业与企业间"单打独斗"的竞争模式向整体供应链的"团队竞争"模式的转变。

对物流产业而言,供应链金融服务模式是对以往物流金融模式的拓展和深化。物流金融是指在物流业务运营中,银行和物流企业通过对动产、不动产和权利质押等多种方式,有效组织和调剂物流产业链中的货币资金运动,从而为有资金需求的企业提供融资服务。

与传统金融模式比较,供应链金融拓展了金融的服务范围和目标,它可以将供应链内部的原材料、供应商、生产商、分销商直至消费者的产品价值全流程全部涵盖其中,是基于物流供应链为上下游所有企业提供金融支持和问题解决方案,能够更有效地解决国内物流企业,特别是众多中小物流企业的融资难题,这两种金融模式的区别如图 3-3 所示。

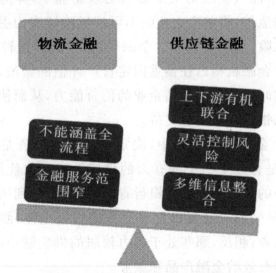

图 3-3　物流金融与供应链金融比较

我国的物流需求很大,市场上有多达几十万家物流企业,但其中很大一部分都是中小型企业。在国内油价和人工成本不断上涨、市场竞争愈发激烈的今天,这些利用自有资金发展的中小型物流企业,很难仅仅通过内部管理运营的优化缓解不断抬升的综合成本压力;同时,这些物流公司通常缺乏更多固定资产进行贷款抵押，因此也很难从银行等金融机构获得金融支持。

对于这些中小型物流企业来说，普遍面临着融资难的问题，而这也是阻碍它们实现可持续发展的重要因素。一方面，我国尚未建立起全面、合理的现代金融服务体系，银行等正式金融机构比较青睐大型国有企业，而针对中小企业的金融产品和服务比较匮乏；另一方面，中小企业自身规模小、贷款抵押能力不足、效益不稳定、信息不透明等问题，也对企业融资带来不利影响。

针对这个问题，很多银行推出了相应的金融服务产品，如华夏银行的"融资共赢链"、深圳发展银行的"供应链金融"、光大银行的"阳光供应链"等，这些金融产品在一定程度上解决了中小型物流企业融资难的问题，受到了众多中小物流企业的追捧。

供应链金融产品围绕供应链的核心企业，以核心企业为信用背书，将资金注入供应链上下游的更多企业中，并通过对整体供应链风险的监控，将单个企业的不可控风险转变为更加可控的整体供应链风险，从而有效减少金融风险。显然，这种"N＋1＋N"模式改变了金融机构以往偏重固定资产评估的做法，转而以整体供应链和实时交易状况评估企业的信贷能力，从而使更多的中小企业能够从银行获得资金支持。

在这个金融服务思路中，决定物流企业融资是否成功的关键，在于其是否处于一个强有力的供应链中。也就是说，如果一个供应链中的核心企业获得银行青睐，那么参与到供应链上下游的供应商、分销商以及提供配套服务的物流企业，便容易获得供应链金融服务；相反，那些处于实力较弱的供应链中的企业，则依然难以获得有效的金融产品和服务。

由此可以看出，供应链金融可以进一步加大物流产业的分化、兼并与整合。对于那些处于强力供应链内的中小型物流企业来说，供应链金融可以有效化解它们的解融资瓶颈，促使它们获得更好更快的发展，进而吸引更多优质的物流企业参与到供应链中；而那些资质不佳、处于弱势供应链中的物流企业将更加难以获得资金支持。

（2）打造供应链金融模式。物流金融和供应链金融有效地拓展了物流发展空间，可以为物流企业提供更广阔的发展空间和全新的创收渠道，如国际著名物流巨头马士基和 UPS 的主要收益来源都是物流金融服务。以 UPS 为例，其物流金融服务集中于仓储质押、代付款和代收款三个环节；同时，由于成立了自己的金融机构，UPS 能够为客户提供更专业、便捷的金融与物流服务，并以此为基础研发拓展更多高附加值的供应链金融产品。

就国内来看，由于非金融类机构没有经营融资类业务的资质，因此供应链金融是以银行等金融机构为主导、物流企业处于从属地位的运作模式。具体的供应链金融产品和服务，包括不动产质押融资、代收货款、保兑仓、融通仓、海陆仓、垫付货款、仓单提单质押、池融资、保理等。

虽然物流企业在供应链金融中处于从属地位，但它在其中发挥着不可替代的重要作用。例如，当前得到广泛应用的保兑仓业务，银行一般青睐自己指定物流企业进行货物的质押监管；物流企业则可以通过这一服务获得物流运营和货物评估与质押监管两方面的收益。同时，作为银行的合作伙伴，物流企业也能够借此构筑竞争壁垒，打造核心竞争力。不过，能够像中储运、中外运、中远那样与银行达成合作关系从而有机会承接质押监管业务的物流企业显然并不多。特别是对众多中小型物流企业来说，在规模、资质、网络、管理等各个方面都很难符合银行对物流合作伙伴的要求。

对于中小物流企业来说，想要在供应链金融模式下获利，就必须解决资信这一关键性问题，这就要求中小物流企业通过各种途径不断提升自己的资信水平，从而获得银行的信任。例如，当前很多物流地产企业除了布局保税物流中心，还积极在各个城市建立物流园区，而这些物流园区常常具有多元化的功能定位和综合服务能力，如区域配送中心（RDC）、快运转运中心、运输揽货站、配载服务部、售后配件中心、VMI 中心、城市共同配送中心、期货物流、展销展示中心、信息服务和附属服务等。

如果中小物流企业能够与物流园区合作承接银行的质押监管业务,那么便可以借助物流园区的参与或担保,大大提升申请成功的概率;对银行来说,由于有着物流园区的参与或担保,可以更好地规避金融风险,实现业务拓展;而运营物流园区的物流地产商也能够借此获得新的创收渠道。

在供应量金融模式下,虽然大多数情况下中小物流企业并不能获得供应量金融的主要产品,但是仍然可以从这一模式提供的众多产品和服务中获利。例如,国内很多商业银行都上线了保理服务,即企业通过把国内贸易中形成的应收账款转让给银行的方式,获得银行提供的应收账款融资、财务管理、账款催收、承担坏账风险等综合金融服务。对物流企业来说,如果应收账款的债务方满足了银行的信誉评定标准,那么物流企业便可获得此项服务。

整体上看,物流供应链金融的主要参与者与获益者仍是实力雄厚的大型物流公司,但不可否认的是,供应链金融为各家物流企业带来了供应链管理思维,从"单打独斗"转向更加注重供应链整体建构的"团队合作",从而极大地推动了我国物流产业的优化整合与进步。

供应链金融为中小物流企业带来了新的发展空间,为它们解决了融资困难的问题,因此它们应该把握机会,顺应物流供应链管理的趋势,利用各种方法和渠道提升自身的服务水平和信用评级,积极参与到以优秀企业为核心的强势供应链中,从而获取供应链金融产品和服务,突破融资瓶颈,实现更好更快的成长。

3. 众包配送 O2O

(1)人人快递。2013 年,人人快递正式成立,它的运营主旨是让所有人都可以参与到快递活动中,具体做法就是让人们在出行途中顺路进行快件的运送,这样可以有效减少中间环节,通过这种方式降低社会资源的浪费,达到节能、环保的效果。与此同时,向公众传播相互帮助、广泛参与、为社会付出的价值观,提高快件配送效率,减少货物囤积,降低快递公司的资金投入,旨在通过自身平台的运营,给人们的日常生活带来便利。人人快递在 2014 年 11 月进行首轮融资,此次融资金额达 1500 万美元,高榕资本与腾讯参与了投资。

(2)达达配送。2014 年 6 月,达达配送正式成立,该公司致力于为合作商家提供服务,解决配送问题。当前该公司的业务集中于生鲜产品及餐饮类的配送,在线上平台接单之后安排线下配送。统计结果显示,到 2016 年,达达配送的一线兼职服务提供者在 10 万人以上,其业务覆盖至 10 万家商家,大部分从事餐饮服务,平均每日的订单量接近 60 万。除了餐饮类服务,还有一些生鲜产品、零售商品、水果、鲜花等配送。

达达配送在 2014 年 7 月完成首轮融资,金额达数百万美元,知名投资机构红杉资本参与投资,到 2016 年年初,达达已经获得由 DST 领投的第四轮融资,融资规模接近 3 亿美元。

(3)京东众包。京东众包是"京东到家"推出的一种新模式,京东众包的用户可以根据自身的实际地理位置科学地参与配送活动,并可以从中获得一定配送收入。

凡是自身配备智能手机并且能够上网的成年人,都能够报名申请京东众包的兼职配送者。申请者需要安装京东众包的移动应用软件,登录自己的信息,经过培训后就可以接单,每单配送任务完成后会获得 6 元的分成。无论是大学生、上班族、赋闲在家的中老年人,都可以报名参与,只要在接单后两个小时内将快件送达即可,其距离一般在 3~5 千米。

第二节　智慧物流发展的必要性

一、发展智慧物流是降低物流成本提出的要求

(一)企业物流成本现状

随着社会发展,物流在人们生活中的重要性不断提升,当前,

物流已经成为企业继劳动力、自然资源之后的第三大利润中心，而保证这一利润中心实现的关键是降低物流成本。物联网时代，智慧物流正在撬动着这一利润中心。

当前很多企业的物流成本在整个产品销售过程中所占比重过大，严重影响了企业的盈利，压缩了企业的利润空间。因而，利用现代化信息技术加强对物流活动的管理和对各关键环节的控制，有效降低物流运转过程中的费用已成为企业减少成本、增加利润的必经之路。一般来说，物流的成本包括物流管理、库存和运输，这都可以通过物流的智能化改造予以优化，进而有效降低损耗、节约成本。

从企业的物流管理成本的角度来看，我国的大多数物流企业，特别是那些中小物流企业，管理还是老套路，依赖管理者的经验来进行管理工作。如今，互联网大潮汹涌而至，老的管理思路和方法已经越来越不适应信息化时代的物流管理要求，那些抗拒改变，拒绝信息化、智能化改造的传统物流企业猛然发现，插上互联网翅膀的物流企业正在迅速崛起，而保守、传统管理方式的物流企业正在被颠覆。说到底，智慧物流可以在信息处理、系统整合、智慧决策及成本控制等诸多方面实现高效化、精准化，从而有效降低物流管理费用，达到降低成本的目的。

从企业库存成本的角度来说，库存对相当多的企业来说是一笔不小的费用，其中包括仓储、包装、装卸和途中损耗等产生的费用。

从企业运输成本的角度来说，由于历史因素，我国在较长的时期内，交通运输一直是制约货品流通的瓶颈，特别是在中西部地区，公路、铁路基础设施还不完善，网点分布不科学，大大增加了运输成本。近年来，随着公路主干线的陆续贯通、铁路向不发达地区的快速延伸，交通不便的状况得到了极大的改善，为有效节省物流运输成本提供了坚实的基础。

(二)降低企业物流成本的途径

1.选择最优化物流模式

按照产权可以将物流企业划分为三种运营模式,即自营模式、物流联盟和委托第三方模式。这三种模式各有优点,物流企业应根据自身的情况选择相应的物流模式。判定自身情况的依据主要有 4 个方面:企业资金实力、企业管理能力、物流行业在企业中的地位及物流市场的交易成本。在物流的实际运作中,企业应以成本最小化为标准来选择物流模式。

(1)物流对企业的发展至关重要,并且企业物流管理协同性很高,交易成本甚至比委托第三方物流还要低,那就选择自营物流模式。

(2)采用物流联盟模式,找到合适的供应商就是关键。物流联盟模式以供应链的整体优势参与竞争,各联盟主体通过合作共享的方式联结在一起,以互惠互利为原则,以共同强化竞争力为目标,在实现互惠互利的同时也可以增强竞争力。

(3)委托第三方物流模式现在比较普遍,目前很多企业采取委托第三方物流模式。实行物流外包或部分外包也是降低物流成本的切实有效的方法之一。

2.改善物流管理,优化物流体系

企业应该充分掌握自身情况,在此基础上改善物流管理,以达到降低物流成本的目的。首先要做的工作就是建立物流成本数据库,然后对物流系统进行分析,并通过对这些基础数据进行比较,找出导致物流成本过高的原因,有针对性地加以改进,最后重新制定成本控制目标和物流系统运作模式。此外,企业还可以通过缩短物流运程、完善物流系统、加快资金周转和减少库存来提高货品流通效率,有效降低物流成本。同时,还要尽可能减少货品流通的中间环节,减少货品集中和分散的次数,实现效率化配送,从而加快物流速度,达到降低物流总成本的目的。

3.建立并优化企业物流成本的构成模式

企业应该通过收集并分析数据,确定构成物流成本的各个环节,并以信息处理平台、智能化感应工具,将物流成本的各个环节绘制成可视化成本结构图,分析和比较物流成本与人力成本、物流费用和其他费用之间的关系。在此基础上,建立科学的物流会计制度,清理那些不必要或者说是效率低下的中间环节产生的费用。

4.再造业务流程,实现物流体系的高效运行

在激烈的竞争环境中,物流企业只有实现网络化改造,进行以市场为导向、面向终端客户的流程再造,才能在市场中占有一席之地。物流管理也要从之前的职能管理向流程管理转化,只有这样,才能快速、准确响应客户需求。与之相适应,企业原来的绩效评价系统也要做出调整,也就是说,以前基于职能部门的绩效评价体系要向基于业务流程的绩效评价指标体系过渡,这个指标体系要能准确反映企业整体运营状况及整个流程各节点上的互动关系,从而实现整个物流体系上的信息流、资金流、工作流和价值流等快速流动,进而实现整个物流体系的高效运行。

5.促使整个供应链物流成本的最优化

企业虽然可以通过提高物流效率有效地控制物流成本,但是仅靠这一点并不够。对于当前的物流企业来说,更应该考虑的是从产品制成到终端客户整个供应链物流成本的最优化。为此,企业要更加重视"全程供应链管理"。也就是说,企业从原材料采购一直到产品销售的全过程,要实施全程监控,这其中也包括管理供应商、管理客户,并与他们建立起良好的合作关系。

物流企业优化供应链的关键在于减少"中间层次",也就是尽可能直接地将货品送达终端客户,这样不但能切实减少中间环节的开支,还能有效管理资源,使资金使用效率最大化。比如说,采

用直接送达的方式,就可以省去仓储和存货产生的物流成本。

物流企业应该进行全程供应链管理,因为仅仅依靠局部的系统优化无法保证企业在竞争中取得成本上的竞争优势,这就需要企业借助信息化手段,对整个业务链条进行优化、整合,将系统内部各个功能要素和外部战略伙伴有效联系起来,实现物流系统的快速反应、准确高效。具体来说,就是通过互联网、移动互联网、传感器及云平台让企业的订购意向、数量及价格等信息流动起来,多方互享,从而使生产、流通及终端消费者实现无缝对接,从而实现从整体上节约物流成本。

当今科技迅猛发展,特别是计算机网络技术、物联网、云计算及智能感应等高科技的广泛运用,以及现代物流技术和先进物流管理理念的推广应用,给企业的物流业务提供了强有力的技术支持。

随着人们的生活水平不断提高,对物流提出了更高的要求,顾客需求呈现出差异化、多样化及个性化的特征。企业需要通过重新整合物流业务系统适时、有效地整合其物流资源,包括架构全新的业务链条、优化管理体系及实现全产业链的无缝对接等来提升企业适应不断变化的市场需求的能力,提高物流效率,有效降低物流成本。

二、发展智慧物流是催生发展新动力的必然要求

在互联网技术不断发展的今天,物流企业可以充分利用互联网技术提高自身效率,为客户提供更快捷、全面的服务。比如,客户可以通过互联网和移动互联网平台对企业提出意见和建议,物流企业再针对这些意见和建议对物流服务做出改进。物流企业要想与顾客保持良好的关系,必须要处理大量的客户信息数据,通过对数据的分析,寻找并总结出应有的服务内容和服务标准。

需要注意的是,"流动性"是物流的核心,物流并不仅仅是指货物的运输,还包括货物的时间状态和空间状态。现代物流是通

过信息化手段,将运输、仓储、配送各个环节紧密结合起来,实现物流各链条的高效一体化。

传统物流与物联网、互联网有机融合后,就具备了曾经不具备的快速准确传递物流信息的功能,可以及时有效地进行信息共享。企业通过信息共享平台,可以了解存货、订单及顾客需求趋势等信息,从而为组织生产提供可靠依据,也为物流企业实现准时配送提供准确、实时的数据支撑。

在传统物流中,仓储中心具有不可替代的重要作用,当一名用户需要一台冰箱时,企业需要在收到订单后进行送货上门服务,于是,货运工具就到仓库找到用户定下产品的型号,将其送到用户指定地点。而互联网与传统物流"联姻"之后,就不再需要货物仓储。客户下了订单,直接到生产厂家提货,甚至直接将个性化的产品需求传达给厂商,要求厂商为用户生产定制化的产品,并且可以要求厂商将生产出来的产品直接交给客户。换句话说,"互联网+物流"的配送模式,可以直接将仓储中心虚拟化,从而大大降低库存,同时使流通方式更为灵活,物流成本也能得到有效控制。

我国物流业很长一段时间以来都存在社会化程度低的问题,缺乏严格的物流管理体制,缺乏科学有效的物流体系布局,因而,社会化大生产和流通集约化的优势难以发挥,规模化经营及规模化效益也无法实现。

此外,物流设施在传统物流中并不能充分发挥自身的作用,有大量的设施被闲置。由于信息上的短板,物流企业往往存在重复性建设、资金利用率不高、紧缺物资不能及时调配到位及大量物品滞留在流通环节,这些问题造成了资金沉淀并产生了大量的库存费用。

经过互联网、物联网改造后的智慧物流则具有反应速度快,功能高度集成,配送作业标准化、规范化,全覆盖服务,流程自动化以及管理网络化等显著特征。

随着网络信息技术的发展,电商成为网络时代的一道风景,阿里巴巴、京东等电商巨头对传统流通领域造成了剧烈的冲击。崛起的电商,在冲击传统物流业,给物流业带来巨大挑战的同时,也为物流业的发展带来了前所未有的机遇。最初是中国邮政快递的火爆,接着是第三方快递公司的风生水起,京东、阿里巴巴等电商巨头纷纷加快布局物流生态系统,物流的发展模式花样翻新,物流行业的地位提升到了前所未有的高度。

发展智慧物流必须把握"融合",只有这样才能真正意义上激发新的发展动力。与此同时,还要做好信息及数据的收集、分析、挖掘和共享,以新的模式来开创物流新格局。物联网、互联网技术正在加速与物流行业的融合,传统物流能否实现智能化运作,关键在于这个融合的好坏,其内容主要是实现物品运输、储存、装卸、搬运、包装、流通加工、配送及信息处理等基本功能的有机结合。只有结合物联网、互联网和物流行业各自的优势,才能产生新的优势,并催生新的业态,实现运作模式的创新。

第三节　智慧物流的构建

一、智慧物流的技术构架

智慧物流就是实现物流的智慧化,这就需要通过智能化管理代替传统物流中的一些人工环节,提高物流的质量和效率。因此,实现智慧物流必须有相应的技术提供支撑。本节主要对自动识别技术、人工智能技术、大数据技术和定位跟踪技术的应用进行研究。

(一)自动识别技术

自动识别技术是智慧物流的一项重要技术基础。利用自动识别技术可以对物流的运转流程进行信息的自动获取和自动录入。在应用实践中,自动识别技术能够将获取的信息传输到计算机中心。自动识别技术包括条码技术、射频识别技术、声音识别技术、图像识别技术、生物识别技术和磁识别技术等。具体到物流行业,被广泛采用的识别技术是条码识别技术和射频识别技术。

1.条码识别技术在物流系统中的应用

相较于传统的识别方法,条码识别更方便快捷,可以很大程度上提高物流效率,因为其操作比较简洁方便,得到了广泛应用。国际上,条码识别技术被广泛应用于物流的各个环节。在我国,条码技术也相当成熟,不仅在商品流通领域被普遍使用,而且在生产控制和物流过程中的应用也在不断拓展。

我国的条码识别技术在物流领域的应用包括仓储、供应链管理、分拣及配送等环节。随着电子商务的兴起,条码识别技术在物流领域得到了广泛的应用,推动了传统物流智能化转型升级。

近年来,二维码成为新兴条码识别技术,相较于之前的条码识别更简单、可靠和稳定,这又进一步提高了物流自动识别的效率。二维条码具有抗污损的特性,不仅可以存储海量信息,而且能够处理复杂字符,从诞生之初就引起了各国的高度重视,并被广泛应用于军事、邮政、电子及生物医药等领域。特别是在电子行业的物流运转过程中,二维条码技术有着无法替代的识别优势。比如,全球的CPU、电路板及存储芯片等各类电子部件上都用二维码贴上标志,用户只要用智能手机等扫描装置扫一扫,就能清楚地了解产品的规格、型号、出厂日期及生产厂家等各种关键信息。二维码是一种信息载体,操作简单,应用广泛,可以很大程度上提高信息传输的效率和准确性。

随着二维码技术的不断发展和完善,我国在这个领域的技术已经比较成熟,已经拥有了龙贝码、汉信码及点众码等具有自主知识产权的二维条码,并且已经在社会中得到了广泛应用。

2.射频识别技术在物流系统中的应用

随着智慧物流的发展,射频识别技术(RFID)越来越多的得到运用。这是一种非接触式的自动识别技术,通过射频信号获取信息,在此基础上自动识别目标对象,可以在各种恶劣的环境中工作,且不需要人力的干预。

当前,射频识别技术已经在物流领域得到了广泛应用,尤其是运用于供应链管理环节。对于物流行业来说,核心问题就在于信息传递的速度、稳定性和可靠性,射频识别技术的出现和在物流运转中的巨大作用一直被供应链管理研究中心的专家津津乐道。射频识别技术可同时识别多个标签,而且识读的速度很快,这一技术非常适于解决供应链过程中难以快速准确获取信息的问题。

美国零售商巨头沃尔玛在全球行业中的最大优势就是其完善的物流配送系统,沃尔玛所有的店铺都安装了射频识别系统,而且沃尔玛要求供货商也要有射频识别系统。这一技术的应用,让沃尔玛保持了足够的商品数量和种类,有效避免了货品的无故短缺和脱销,从而优化了沃尔玛对供应链的管理,大幅度提高了服务效率和质量。

对于物流管理来说,射频识别技术为其带来了巨大影响,甚至可以说掀起了一场革命。射频识别技术可以进行非接触识别,这为其带来了独特的优势,改变了使用条形码时需要工作人员逐个扫描的情况。同时,射频识别技术还可以识别多个产品,从而极大地提高了识别效率。比如,在仓储方面,射频识别技术可以提高入库、出库的效率,工作人员在产品入库时,只需要操纵设备对产品进行扫描,就可以获得大量的产品信息,不再需要将产品运往验货中心逐个识别,只要在仓库门口安置一个信息接收机即可,这大大缩减了盘点环节的冗繁工作。在出库时也依据相同的原理。无线射频技术几乎省去了所有验货的环节,大幅度提高了仓储效率。

从技术含量的角度来说,相较于条形码识别技术,射频识别技术具有更高的技术含量。在货品上贴上 RFID 标签,可以使其自动发送无线信号,这样就可以使信息直接传输到接收信息的设备中,同时传递到供应链业务领域的各相关环节。于是,货物存储、在各个销售点的分布、上架情况及销售数据等重要指标就能一目了然了。

(二)人工智能技术

人工智能是智能思考技术的大发展,从人类目前的科技成果来看,人工智能位于智能思考领域的顶端。谷歌公司的"阿尔法狗"就是当前最具代表性的人工智能机器人,它与韩国超一流棋手李世石九段进行了一场引起全世界关注的人机围棋对弈大战,在五番棋的对决中,"阿尔法狗"以 4:1 的绝对优势完败李世石,引起了人们的一片哗然,让人们开始思考人类智慧与人工智能究竟哪方更先进。

实际上,人们不需要对人工智能抱有恐惧心理,人工智能机器人是人类创造的,人工智能的发展是为了优化人类社会,而不是为了破坏人类社会。在此之前,许多发达国家早已将人工智能技术广泛用于企业,在智能制造业、特种作业、智能决策及智能管理等方面,已逐渐用人工智能技术代替人力。在工业 4.0 时代,人工智能技术必将推动企业全面迈向信息化和智能化。

从物流领域来说,人工智能可以提高物流效率。一般情况,需要高速物流线贯穿整个生产和包装过程,才能有效提升物流的自动化程度并保证产品质量。机器人技术在包装领域中应用广泛,特别是在食品、烟草和医药等行业的大多数生产线已实现了高度自动化,其包装和生产终端的码垛作业基本都实现了机器人化作业。机器人作业精度高、柔性好及效率高,克服了传统的机械式包装占地面积大、程序更改复杂及耗电量大的缺点;同时避免了采用人工包装造成的劳动量大、工时多及无法保证包装质量等问题。

　　利用机器人可以在物流作业中完成自动化的拣选作业。例如，对于那些品种繁多、形状不规则的产品，移动机器人可以通过图像识别系统确定需要采用何种功能的机械手。机器人每移动到一种物品前就可以根据图像系统"看清"物品形状，采用与之相对应的机械手臂抓取，然后放到指定的托盘上，完成拣选作业。

　　在整个物流系统中，装卸搬运是一个最基本的环节，而且这个环节会贯穿整个物流作业过程，在货物运输、储存和包装，以及流通加工和配送的过程中，都会涉及这个基本环节。目前，机器人技术应用最为广泛的还是物流的装卸和搬运作业。搬运机器人可安装末端执行器来完成对物品的识别和搬运，从而大大减轻人们繁重的体力劳动。目前搬运机器人已被广泛运用到工厂内部生产，一些工序间的搬运工作就由机器人来完成。搬运机器人的出现，大大提高了货物的搬运能力，节省了装卸时间。一些发达国家已将机器人技术与物联网技术相连接，实现了智能运作。

　　随着近年来人工智能技术的发展，研发机器人已经成为世界范围内的潮流趋势，近年来涌现出大量的新型机器人，这对于人类的生产生活产生了巨大影响。比如，德国的 KUKA 公司专门为冷冻食品的物流就研制了一种机器人，它可以在－30℃的环境下工作。另外，在医药物流方面，德国的 ROWA 公司研发的"自动化机械手药房"就是典型代表，这种自动化药房，由机械手进行药盒搬运并进行药品的进库与出库作业，实现了药品的密集存储和数量管理。

　　智能机器人并不是单纯地在生产活动中承担"体力劳动"，由于其具备较高的智能程序，使其可以承担一些高级工作，例如凯威讯通公司开发出一款从事"脑力劳动"的新型智能机器人。该公司仿照电脑内存随机存取的原理，开发出一种能快速处理网上订单的机器人应用系统，存放物品的仓库被安排成像内存芯片一样，由独立式货架组成纵横交错的网格，帮助机器人在任意时间接触到仓库中的任何物品。另外，该机器人可以自行处理客户订单，当接到客户的订单后，机器人在 30 秒时间内就可以将订单上的货物交给包装线上的工人。如果一个订单上有多个品类的物品,机器人还能将其进行必要的分类整理。一旦货物打包完成,机器人就能将这些包装好的物品存放到指定地点。

当前智能机器人已经逐渐运用于各行各业,其中也包括物流行业,尤其是在冷链物流、医药物流及仓储作业中运用比较广泛,但是机器人的物流运用尚未形成规模。一些对科技信息敏感的企业,正在将人工智能引入物流管理的各个环节,因为使用人工智能技术的优势是显而易见的。

(三)大数据技术

近年来,大数据也逐渐在物流行业中得到广泛应用,成为智慧物流的一项标志性技术基础。大数据的最大特点是通过现有的数据分析规律,通过大数据技术进行信息化、高效率的管理,有利于实时掌控物流各个环节的数据,提高配送效率,减少损耗;同时,随着市场的发展,客户的选择越来越多,竞争更加激烈,通过对数据分析和挖掘,就可以进一步巩固和客户之间的关系,为顾客提供更好的服务,增加客户的信赖,培养客户的黏性;数据分析还能帮助物流企业做出正确的决策。大数据技术在智慧物流中的应用主要体现在以下三个层面。

1.在商物管控层的应用

商物管控是从宏观层面进行的物流运营管理应用,主要包括商品品类、物流网络及物品的流量流向等领域的应用。通过大数据工具以及统计模型可以分析数据库中的数据,这样可以更准确地了解并掌握客户的商物需求、运输习惯和其他战略性信息。通过检索数据库中近年来的流量流向数据,以及商品类型的信息,从更广域的数据范围如企业营销数据、信息检索数据、web 搜索数据等中,获得智慧物流中的商品数量分布、需求分布、商品来源等信息,可以对季节性、运输量,对货物品类和库存的趋势、消费者购物习惯、消费倾向等进行大数据分析,并对供需、数量、品类做出决策,更好地满足客户个性化需求,即有针对性地为用户选择符合其消费心理和习惯的商品信息。

2.在物流供应链运营层的应用

(1)连贯物流供应链。利用大数据,可以更好地连贯物流供应量的各个方面和各个环节,将供应链中的供应商、经销商、客户、物流服务商,甚至供应商的供应商、客户的客户等连贯到一起,这样可以从源头上和过程中帮助企业应用大数据,逐渐成为企业运营决策的"大脑",帮助企业在供应链的采购物流、生产物流、销售物流、客户管理等环节打造企业决策所需的数据供应链。

(2)实时信息掌控。通过对外部数据和内部数据的物流信息实时掌控与推送、分析,使供需双方在最适当的时机得到最适用的市场信息,获取快速变化的需求信号,及时了解渠道伙伴和终端的销售数据,匹配分布的供应库存信息,掌控准确的物流在途情况。

(3)及时响应与优化。利用大数据技术可以更好地获取并分析物流供应链的相关信息,以此为基础可以实现采购物流协同业务执行的优化与完善,并迅速掌握发现整个供应链环节运作情况,提出问题的解决方案,制订相应的行动计划,实现供应链运营的高效、快捷和决策正确性,避免了供应链供应缺乏或供应过剩、生产与运输之间的不协调、库存居高不下等弊端。

3.在业务管理层的应用

(1)信息及时交互响应

从智慧物流的业务管理层面来说,利用大数据技术可以更好地捕捉货物信息,大数据可以和 RFID、条码技术及 GPS、GIS 等信息采集技术协同作业,实现更好的信息捕捉效果,并可以把实时信息推送到物流系统中存储并进行数据处理,有助于识别运输行为、改进运输效率、及时做出应急响应、发现配送新模式和趋势、取得更高的核心竞争力、减少物流成本等。

(2)仓储品类分配。利用大数据技术对消费需求等相关信息进行科学计算和分析,可以有针对性地分配和优化区域仓储的商品品类,有效避免缺货断货;基于透明化的物流追踪系统,通过仓储网络的数据共享、数据提取自由、物品全程监控,实现物流的动态管理,优化区域货品调配,降低物流成本,提高货品调度反应速度。

(3)运输库存优化。对于物流的库存管理来说,利用大数据技术可以集中管理并科学分析运输数据和库存数据,这样可以更合理地安排发货,保证库存的正确性;将库存信息和货物预测信息,通过电子数据交换直接送到客户那里,这样可以定期增加或者减少库存,物流商也可减少自身负担;利用路径历史数据记录,在不同时间段选择最优路径,提高运输配送效率;同时还可以根据海量用户数据去预测用户的购买行为,通过预测用户购买行为可以提前配货运输,有效缩减商品到达时间。

(四)定位跟踪技术

定位跟踪系统是利用卫星导航、移动网络、GIS等技术手段实现对物流系统中的人员、运输工具、货物、集装箱等的位置信息连续采集和实时监控的信息系统。

在智慧物流中,定位跟踪技术是一项关键技术,也是支撑智慧物流发展的重要技术支撑,定位跟踪技术的发展和进步推动了整个智慧物流行业的发展。通过实现定位跟踪管理,从而降低物流成本、提升企业的管理水平、加快物流业现代化进程、推进智慧物流体系的构建。

1.优化物流调度,提高运输工具利用率

利用定位跟踪技术,可以获取物流车辆和货物的实时位置信息,通过远程系统可以直接掌握货物的运输信息,帮助物流管理人员更及时、全面地了解并掌握运输工具、货物的位置。调度人员可以根据货物的运送地点,结合客户的提货需求,通知离其最近的运输工具取货或送货,通过掌握行驶中运输工具的速度、时间及目标的距离,判断运输工具到达的时间,通知接收单位提前做好接货/收货的准备,有利于物流与配送的高度衔接,使运输工具更加明确自己的下一步任务与服务对象,实现人、车、货的动态配送,从而减少了运输工具的驾驶率和闲置率,提高了运输工具的利用效率。

2.监控运输全程,保障货物安全

利用定位跟踪技术可以实现物流运输的全程监控。一方面,利用定位跟踪技术可以让运输公司进行更合理的路线预设,一旦运输车辆出现路线偏离的情况就可以实现及时报警,这样使物流管理人员及时掌握路面发生故障或有紧急情况的车辆情况,迅速通知驾驶员采取措施,并能双向互动传递信息,从而增强快速处理突发事件的能力,通过限速提醒功能,可以有效地提高驾驶员行车安全性,最大可能地减少车辆事故率,便于调度人员的管理。另一方面,集成各类传感器信息的监控系统使物流客户能够全程监测物流运输过程中货物的温度、湿度、轨迹、跌落、倾倒等状态,对货物进行实时监控。

3.推动物流企业信息化,提升管控水平

现代物流信息系统的一项基础性技术支撑为定位跟踪技术,这项技术使物流企业可以实时掌握物流车辆和货物的位置和运动状态。这样可以帮助物流企业对物流运输全要素、全过程和全方位数字化和智能化管理,整合物流运输过程的各类信息,帮助物流企业对物流活动的各个环节进行有效地计划、组织、协调和控制。物流企业通过无线通信、GIS/GPS能够精确地获取运输工具的信息,以便企业内部和客户访问,从而把整个企业的业务变得透明,制定更加科学合理的决策方案,全面提升物流企业的管控水平。

4.使物流用户掌握全供应链信息,延伸物流行业的产业链长度

在物流运输的整个过程中会产生大量信息内容。利用定位

跟踪技术,可以更好地整合这些信息内容,可以为物流用户建设基于位置服务的综合物流服务系统,将物流服务延伸到监控、管理、采购、订单处理,甚至物流咨询、库存控制、决策建议等。通过GIS的时空统计分析技术,为科学地制定仓库选址、销售网点设置等各类决策提供支持。因此,通过综合物流服务系统,能够及时掌握物流供应链上/下游的信息,从而延伸物流行业的服务水平,延伸物流行业的产业链长度。

二、智慧物流的业务架构

智慧物流是传统物流发展到一定阶段的产物,智慧物流系统是对传统物流系统的改良,是对传统信息平台的更新换代,在技术定位上,采用云计算、物联网、三网融合等新一代技术,打造的智慧物流体系的物流平台。传统物流业务体系架构如图3-4所示;基于物联网的智慧物流业务体系框架如图3-5所示。

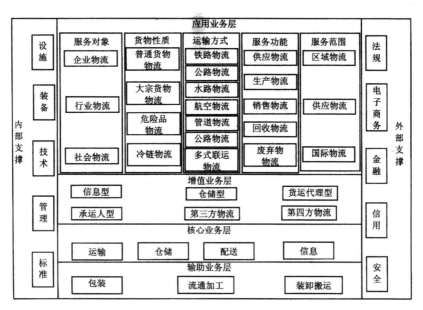

图3-4 传统物流业务体系架构

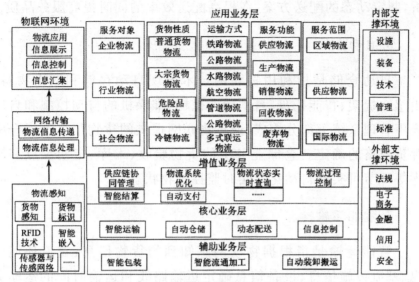

图 3-5　基于物联网的智慧物流业务体系框架

通过物流业务体系框架就可以看出智慧物流与传统物流的区别,具体来说,智慧物流主要是通过在各个业务层次运用先进的信息化技术、设备并进行有效的物流信息获取、传递、处理、控制和展示,提高了整个系统的智能化,从而提高了整个系统的运行效率。下面主要分析智慧物流业务体系框架中的核心业务层和物流感知层。

(一)核心业务层

1.信息控制

物联网对物流信息的全面感知、安全传输和智能控制可实现物流信息管理到物流信息控制的飞跃。物联网可利用其技术优势通过信息集成实现物对物的控制,信息控制的应用可进一步提高整个物流的反应速度和准确度。

2.动态配送

动态配送即利用物联网技术及时获得交通条件、价格因素、用户数量及分布和用户需求等因素的变化,对以上各因素进行分析,制定动态的配送方案,在提高配送效率的同时提高服务品质。

3.自动仓储

自动仓储是指利用物联网技术实现自动存储和取出物料。由感知货架、智能托盘、自动搬运机构、堆垛机的自动控制和自动仓库管理系统等部分构成,通过物联网提供的货物信息进行仓库存货战略的确定。仓储业务中的货物验收、入库、定期盘点和出库等环节可实现自动化及实时监控货物状态。

4.智能运输

智能运输是指根据物联网感知到的货物信息、物流环境信息、基础设施信息、设备信息确定运输路线和运输时间的运输方式。智能运输在物流中的应用主要集中在运输管理和车/货集中动态控制两方面。实现实时运输路线追踪、货物在途状态控制和自动缴费等功能。智能运输用到的主要技术有移动信息技术、车辆定位技术、车辆识别技术、通信与网络技术等。

(二)物流感知层

对于智慧物流系统来说,感知层具有关键作用,其关键技术包括射频识别(RFID)技术、传感器技术、纳米技术、智能嵌入技术。射频识别系统通常由电子标签和阅读器组成。电子标签内存有一定格式的标示物体信息的电子数据,是未来几年代替条形码走进物联网时代的关键技术之一。该技术具有一定的优势:能够轻易嵌入或附着,并对所附着的物体进行追踪定位;读取距离更远,存取数据时间更短;标签的数据存取有密码保护,安全性更高。RFID目前有很多频段,集中在13.56 MHz频段和900 MHz频段的无源射频识别标签应用最为常见。短距离应用方面通常采用13.56 MHz HF频段;而900 MHz频段多用于远距离识别,如车辆管理、产品防伪等领域。阅读器与电子标签可按通信协议互传信息,即阅读器向电子标签发送命令,电子标签根据命令将内存的标志性数据回传给阅读器。

　　智慧物流实现了 RFID 技术与互联网、通信等技术的有机结合,这样就可以使人们在全球范围内实时跟踪物流信息,并且可以实现物流信息的全球共享。但 RFID 技术发展过程中也遇到了一些问题,主要是芯片成本,其他的如 RFID 防碰撞、防冲突、RFID 天线研究、工作频率的选择及安全隐私等问题,都一定程度上制约了该技术的发展。

　　对于当前的信息技术而言,传感技术、计算机技术与通信技术是信息技术的三大支柱。传感技术主要研究关于从自然信源获取信息,并对之进行处理(变换)和识别的一门多学科交叉的现代科学与工程技术。传感技术的核心即传感器,它是负责实现物联网中物与物、物与人信息交互的必要组成部分。目前无线传感器网络的大部分应用集中在简单、低复杂度的信息获取上,只能获取和处理物理世界的标量信息,然而这些标量信息无法刻画丰富多彩的物理世界,难以实现真正意义上的人与物理世界的沟通。为了克服这一缺陷,既能获取标量信息,又能获取视频、音频和图像等矢量信息的无线多媒体传感器网络应运而生。作为一种全新的信息获取和处理技术,利用压缩、识别、融合和重建等多种方法来处理信息,以满足无线多媒体传感器网络多样化应用的需求。

　　嵌入式系统是以应用为中心,以计算机技术为基础,并且软/硬件可裁剪,适用于应用系统对功能、可靠性、成本、体积、功耗有严格要求的专用计算机系统。它一般由嵌入式微处理器、外围硬件设备、嵌入式操作系统及用户的应用程序四个部分组成,用于实现对其他设备的控制、监视或管理等功能。

三、智慧物流系统解决方案与应用

(一)智慧物流系统解决方案

以下通过智慧物流的餐厨监控为例进行分析。智慧物流系统依靠比较成熟的 RFID 技术，采用远距离识别方式，利用网络信息技术对出/入库及在库商品进行智能化、信息化管理，实现自动记录货品出/入库信息、智能盘点、记录及发布货品的状态信息、车辆配载、卸货盘点等功能。其活动过程如图 3-6 所示。

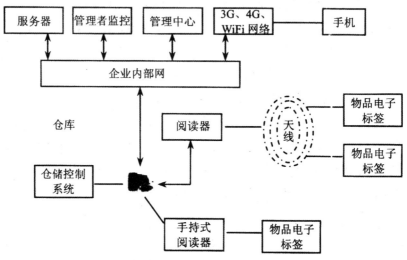

图 3-6　仓储监控活动过程

从图 3-6 中可以看出，系统集成了 RFID 技术、无线通信技术、网络技术及计算机技术。硬件部分有各种阅读器、天线、无线阅读器、电子标签等。阅读器接收通过天线传递的电子标签信息，然后通过局域网将其传到信息管理系统里，对数据库数据进行处理。

必须保证仓库的自动识别系统能够有效地识读物品电子标签，智慧物流系统才能正常工作，必须保证识别信息的准确性。因此系统在构建时，要充分考虑标签与通信系统的标准化问题，考虑信息加密技术的可行性问题。还要考虑和 GPS、BC 等系统的配合问题。

(二)智慧物流系统应用

1.智慧物流配送中心

当前很多物流企业都搭建了自身的智慧物流配送中心，配送中心采用先进的计算机通信技术、RFID 技术、GPS 技术、GIS 技术等,通过科学化、合理化的科学管理制度,采用现代化的管理方法和手段,借助配送中心智能控制、自动化操作的网络,基本实现机器自动堆垛、货物的自动搬运、产品的自动分拣、堆垛机自动出/入库等功能。从而实现了整个物流作业与生产制造的自动化、智能化与网络化,并实现物流配送功能集成化、配送作业规范化、配送服务系列化、配送目标系统化、配送手段现代化、配送组织网络化、配送经营市场化、配送管理法制化。智慧物流配送中心实现整个物流配送过程的实时监控和实时决策,实现商流、物流、信息流、资金流的全面协同,充分发挥其基本功能,保障相关企业和用户整体效益的实现。

2.可视化智慧物流调度管理系统

智慧物流借助计算机、网络、GPS、GIS、RFID 等多种技术提高了物流的可视化程度,在此基础上搭建了可视化智慧物流调度管理系统,物流企业利用该系统结合有效的管理方式,在物流过程中实现车辆定位、运输物品监控、车辆实时调度、可视化监控管理等功能,使整个物流供应链更加透明化,实现对物流资源的有效配置,从而提供高效准确的物流服务。物流公司通过在每辆配送车辆上安装了 GPS 或带独立系统电源的 RFID 钢质电子锁,在每件货物的包装中嵌入 RFID 芯片。物流公司和客户都能通过登录可视化智慧物流调度管理系统,了解车辆和货物所处的位置和环境。在运输过程中,可根据客户的要求,对货物进行及时的调整和调配,实现货物的全程实时监控,防止货物遗失、误送等。利用系统积累的数据,通过建立物流业务的数学模型,对历史数据进行分析、挖掘,为用户在评估货物配送方案、预估货物配送时间、优化物流运输路线、缩短中间环节、减少运输时间等方面提供决策支持。通过货物上的 RFID 芯片,货物在装卸时自动收集货物装卸信息,实现货物的自动放置,缩短了物流作业时间,提高物流运营效率,降低物流成本。

3.产品智慧可追溯系统

智慧物流采用了多种高新技术,实现了物流信息的智慧追溯。目前,产品智慧可追溯系统在食品、钢铁、农产品、医药、烟草等行业领域发挥着产品的追踪、识别、查询、信息采集与管理等方面的巨大作用,强化了生产经营者的安全责任意识,为消费者提供尽可能全面的信息,已有很多成功应用。产品的智慧可追溯系统可实现产品从原料、加工到成品运输等全过程的追溯,通过RFID射频识别技术,对标签卡实现了读/写内部数据信息的功能,通过无线电波将产品状态和定位信息实时传输到产品的智慧可追溯系统,用户可以通过登录系统查找相应的产品安全追溯信息。食品安全生产管理者通过登录系统能够在出现产品安全问题时迅速召回有害产品,防止问题产品的快速流散,从而通过产品的智慧可追溯系统解决生活中的产品质量安全问题,增强消费者信心。

第四章　智慧教育

借助物联网和大数据技术强有力的支持,任何教育设备、过程或者系统,都可以被感知化、互联化和智慧化,高度数据化的教育环境和教育过程将允许每一个环节的精细治理和最优调控,从而诱发教育业务的全流程再造,进而催生新的行业形态——智慧教育。智慧教育战略的持续推进,必将有力促进优质教育资源共享、推动教育均衡发展、助力拔尖创新人才培养,为解决当前教育领域的瓶颈问题贡献关键力量。

第一节　智慧教育的内涵和特征

新一代信息技术与教育业的深度融合,必将推动教育生态链的重塑,开放创新、垂直整合将拉开教育业革命的序幕。智慧教育正是在这样的大背景下诞生的,它以培养个体智慧为落脚点、以构建智慧化教育环境为切入点、以系统规划和整体推进为支撑点,借助信息技术,推动系统内部结构重组和业务流程再造,最大限度地推动教育个体的智慧提高以及教育整体的水平提升。

一、智慧教育内涵

随着信息技术在社会各领域的全面渗透,尤其是物联网、云计算、大数据为代表的新一代信息技术赋予教育系统空前的感知和计算能力,教育信息化的特征正在逐渐由数字化向智能化发生转变。各种具有智能意义的应用和服务迅速涌现,智能化解决方案日益成为教育的选择,具有泛在信息感知能力、整体资源调配能力和开放应用运营能力的教育综合平台成为时代的需求。智慧教育就是在这样的背景下,作为教育信息化与体系化高度融合的产物应运而生。

培养智慧是教育的高品质追求,以往所谓的智慧教育通常围绕培养什么智慧和如何智慧地培养开展研究,缺乏必要技术手段支撑的智慧教育对教育者和受教育者个体素质要求高,大面积推广受到诸多因素的制约。注重智慧支撑环境构建的智慧教育,以培养个体智慧为着眼点,以构建智慧化教育环境为切入点,以系统思维规划、推进智慧教育,借助信息技术最新发展成果,通过智慧化的教育过程,达到最大限度、最大面积地提升受教育者个体智慧的目的。

(一)培养智慧视角

培养智慧视角下的智慧教育研究最早由哲学家提出并阐述,教育学家、心理学家紧随其后提出了培养智慧的各种路线图。哲学家普遍认为教育的出发点和落脚点是唤醒、发展人类"智慧"。印度著名的哲学家克里希那穆提认为,真正的教育要帮助人们认识自我、消除恐惧、唤醒智慧。英国著名哲学家怀特海提出儿童智慧教育理论,认为教育的主题是生活,教育的目的是开启学生的智慧。世界著名科学家、中国自动控制之父钱学森,晚年总结其一生的道德、学问,把建立和应用大成智慧学作为其学术研究的最终归宿。钱学森从提高人的智能、适应21世纪发展需要出发,提出了"集大成,得智慧"的拔尖领军人才培养目标和思路。大成智慧者需具有高尚的道德情操,树立起复杂系统观和现代科学技术体系观,掌握科学的方法论,拥有广博的知识、经验、信息以及理、工、文、艺多学科知识,建立人—机结合的思维体系。钱学森强调人要沉浸在赛博空间,实现人类思维和机器思维的优势互补,方能得大成智慧。大成智慧说主张打通学科界限,重视通才培养,注重人类知识体系的宏观把握,强调人机结合及优势互补。大成智慧有别于小成智慧,是对智慧最高级形态的理想化描述,受其培养思路可操作性限制,该学说在国内外学术界和者甚寡,许多人持怀疑乃至否定的态度。然而,钱学森提出的借助人—机结合的优势互补、实现更高层级的智慧的理念,已经在各行各业的智慧化道路上大显身手。

(二)注重智慧环境构建

注重智慧环境构建的智慧教育是数字教育的升级和发展。近年来,世界各国的数字教育事业取得了长足进步,信息化基础设施、数字教育资源、教育管理信息系统等都得到了快速的发展。然而,数字教育仍有一些瓶颈需要突破,如信息系统整体架构不够清晰、数据与资源孤岛现象普遍、教育核心业务的信息化程度较低、决策科学化水平不足、技术与教学整合层次不高等。随着行业智慧化浪潮的兴起,数字教育升级改造呼声渐高,智慧教育发展适逢其时。

借助信息网络空间构建人—机优势互补的智慧教育的研究,也受到了国内外学者的关注。近年来,信息获取、信息传输和信息处理等技术得到了飞速发展,前沿研究成果在教育领域的应用获得了空前成功,充分利用信息网络空间的信息优势,建立人—机优势互补的新型教育环境是当今教育发展的主要走向。祝智庭较早对智慧教育开展了研究,他认为信息时代智慧教育的基本内涵是通过构建智慧学习环境,运用智慧教学法,促进学习者进行智慧学习,从而提升成才期望,即培养具有高智能和创造力的人,利用适当的技术智慧地参与各种实践活动并不断地创造制品和价值,实现对学习环境、生活环境和工作环境灵巧机敏地适应、塑造和选择。

智慧教育经常与数字校园、泛在学习、慕课等特色发展概念相交叉。对智慧教育概念的解读也各有侧重,有的观点认为关键在于技术应用,有的观点认为关键在于网络建设,还有的观点认为关键在于智慧效果。概念上的模糊,反映出了社会对智慧教育本质及其核心特征的认识尚不够深入,建设指导思想、架构设计到运营体制等诸多方面在实践中出现了偏差,缺乏正确的理论支持,智慧教育建设容易偏离正确的轨道,投入产生比不高、丧失发展机遇的情况将难以避免。

(三)本体原型与全息映象创新融合

智慧教育就是利用信息通信技术以及互联网平台,让互联网与传统教育业进行深度融合,充分发挥互联网在教育资源配置中的优化和集成作用,创造崭新的教育发展生态,推动全社会教育质量和教育满意度的提升。智慧教育是综合利用物联网、云计算、大数据、移动互联网等信息技术手段,结合现有教育信息化基础,融合先进的教育管理教学理念,建立广泛覆盖和深度互联的教育信息网络,对教育资源、教学环境、基础设施、教育过程等要素进行全面感知,并整合构建协同共享的教育信息平台,对信息进行智能处理利用,从而为教育运行和资源配置提供智能响应控制,进而推动教育流程再造。智慧教育可以为政府教育公务服务提供智能决策依据及手段,为教育机构和个人提供智能信息资源以及开放式信息应用平台,从而推动教育教学、管理方式的转变,加速我国教育现代化进程。

在信息化浪潮的推动下,构建教育人、机、物高度融合的统一智能化环境,建立一个完备的可计算模型,来分析和处理海量教育数据是一个重要的发展趋势。智慧教育系统是教育系统在物理世界、人类社会、信息世界三元空间中的协同呈现。教育物理系统和教育社会系统协同作用,构成了日常所见的教育本体原型系统。教育物理系统在信息空间中体现为物理信息系统,教育社会系统在信息空间中体现为社会信息系统,而教育物理系统、教育社会系统、教育信息系统的深度融合构成了智慧教育系统。智慧教育系统利用传感器、数据分析、虚拟现实、机器视觉等技术,将资源、信息、物品和用户有机融合,构建智能优化、自适应调控的信息—物理—社会系统,源源不断地采集教育管理和教学过程数据,进行全方位实时分析,将学习需求、教育过程和教育资源智能连接起来,真正实现教育智能管理、教育教学的私人订制。智慧教育系统中的基本组件结合反馈循环控制机制,构成了智慧教育系统的基本功能逻辑单元,执行信息物理系统最基本的监测与控制功能。运行过程中,传感器不断地收集物理系统和社会系统的状态数据与周边环境信息,信息模型不断收集更新信息,并参照历史数据,实时发布控制指令,驱动执行器控制智慧教育系统科学、高效地发挥教育功能。其中系统中的执行器不仅包括机械电子操作,还包括组织管理措施乃至流程再造机制。

智慧教育包含了三个维度的"智能化":教育环境的智能化、教育过程的数据化和教育产品的智慧化。实现智慧教育,首先,要建立一个信息物理系统,建立人机联动的控制综合系统,充分利用机器的计算能力,借用技术手段实现人的能力在时间、空间等方面的延伸,实现人、机、物的融合。其次,实现纵向、横向、端到端的集成。纵向集成就是解决教育信息孤岛的集成。横向集成是教育机构之间通过价值链以及信息网络所实现的一种资源整合,是为了实现各机构间的无缝合作,提供实时教育教学服务。端到端集成,围绕人才培养全生命周期的价值链上不同的教育资源的整合,实现从培养计划、教学过程、创业教育、继续教育的全生命周期的管理和服务。最后,是教育大数据。大数据包含学习数据、管理数据、轨迹数据等。智慧教育的核心就是数据,它们会渗透到教育机构运营、教育教学过程以及人才培养的整个生命周期。

智慧教育系统可以提供更加智能化的教育环境和手段,必然有利于学生知识的获取、技能的训练、创新能力的培养,为优良品质的养成、综合素质的提高提供更加适宜的教育环境等。可见,智慧教育凭借信息技术的跨越式发展,通过支撑环境的系统整合和优化,提高教育过程的智慧程度,提升培养智慧的信度和效度。

应该指出的是,教育在信息化、智能化发展过程中的若干状态也常常冠以智慧教育,事实上,智慧教育永远在路上。此外,"智慧教育"也可以指符合上述特点的一个具体的区域教育或教育机构等教育子系统。

二、智慧教育的特征

智慧教育的核心特征在于其"智慧",而智慧的实现,有赖于建设全面感知的信息网络,具备泛在互联的信息体系,构建协同的信息共享机制,提供信息的智能处理,实现信息的沉浸互动,并拓展信息的智慧应用。

(一)情景全面感知

广泛覆盖的信息感知网络是智慧教育的基础。为了全面及时地获取教育信息,准确判断教育状况,智慧教育系统中的信息平台需要拥有与系统各类要素实时交换信息的能力,信息感知和信息传输是需要关注的两个核心内容。智慧教育的信息感知网络应覆盖系统的时间、空间等各个维度,能够采集不同属性、不同形式、不同密度的数据。物联网技术的发展,为智慧教育提供了强大的数据获取能力。

感知信息包含教育环境外在物理信息和参与人的内在心理活动信息,包括空间位置信息、时间信息、温度湿度等,以及内在情绪、知识背景、认知风格等。应该指出的是,所谓"全面感知"并非绝对意义的全面,应该是符合技术现状和实际需求的、尽可能全面的感知。全方位、无死角的信息采集,既不可能也无必要,智慧教育的信息采集应该以系统的适度需求为导向,过度追求全面覆盖会增加成本且影响效率。

(二)组件泛在互联

智慧教育的全面感知是以多种信息网络为基础的,如万兆以太网、移动互联网络、传感网等。"泛在互联"要求多种网络形成有效连接,实现信息的互通访问和接入设备的互相操作,实现信息资源的一体化和立体化。智慧教育系统中,多个分隔独立的小网连接成互联互通的大网,可以显著增加信息的共享程度,促进网络成员工作方式的变革,从而显著提升网络的总体价值,并形成强大的发展驱动力。

(三)要素协调融合

智慧教育系统应该是一个完整的教育生态系统,不同组成部分和构成要素之间紧密联系、相互融合。传统教育系统中信息资源和实体资源被各部门、主体之间的边界和壁垒所分割,资源的组织方式是零散的,智慧教育"协同共享"的目的就是打破这些壁垒,形成教育资源共同体,使教育系统不再出现资源孤岛和应用孤岛。传统教育系统中信息空间与物理空间分离,学校与家庭、社会不易协同。教育系统的零散分布使得教学与学习活动的灵活性受到限制,从而在一定程度上阻碍了教育的发展。通过系统集成、无缝融合、多空间联动打造一个深度融合、有机统一的智慧教育系统。在深度融合的智慧教育系统中,协同创新将成为常态,任何一个应用环节都可以在授权后启动相关联的应用,从而使各类资源根据系统的需要自主启动,分工负责,密切协同,最大限度地发挥各自的作用。

(四)信息深度处理

智慧教育拥有体量巨大、结构复杂的信息体系,这是其决策和控制的基础,而要真正实现"智慧",最重要的是能够对海量信息进行智能处理,能够不断触发各种所需的数据分析过程,产生所需知识,自主地进行判断和预测,进而辅助决策,并向相关执行人和设备发布指令。基于实时感知信息,及时解决教育业务开展过程中、教育装备使用过程中存在的问题,对教育信息进行数据挖掘和知识发现,为智慧教育系统的业务流程走向提供科学决策依据。

智能处理在宏观上表现为对信息的提炼增值，即信息在系统内部经过处理转换后，其形态发生了转换，变得更全面、更具体、更易利用，信息的价值获得了提升。直观体现为系统支持个性定制，具备信息和服务自主推送能力。在教育智能的支持下，系统可以记录、分析学习者和教育者的习惯和需求，例如，在教育活动中，通过分析学习者的认知风格、知识背景和个性偏好，以及物理位置和环境信息，为其提供个性化的教育资源、工具和服务。又如，在智慧学习过程中根据学习者的学习阶段和学习进度，为其制定个性化的学习计划，推送合适的学习资源和学习建议。

（五）业务流程驱动

智慧教育成功的关键是建立智慧教育观，构建面向教育应用，以教育流程引领物理、社会、信息三元空间联动的协同新机制。学科教学是教育系统的核心业务，智慧教育构建面向学科教学的智慧教学环境。学生学习是教育系统的主体活动，应该有机融合电子书包、移动终端等多种教学资源载体，借助学科教学软件，实现学科知识的高效传播与学科能力的锻炼提高。教学资源是教育系统的血液，要构建呈现直观和分层递进的描述和呈现方式，再造原有的课程组织结构。剖析教师课前、课中与课后的业务流程，建立与之呼应的支撑系统，推动教学设计、实施与评价等全流程的改革。具体体现为教育资源的立体化、教学过程的个性化、教育评价的过程化、教育管理的智能化等。

（六）系统自适应调控

大数据势必推动教育系统行为分析理论和方法的发展，通过分析个体和系统的历史数据，挖掘系统成长模式和发展规律，预测系统的未来走向，无需教育者和学习者有意识干涉，系统便可以提前预警并进行危机干预。例如，记录学生的考试过程数据，包括考题的解题思路、作答时间和答题结果，从而判定学生的知识薄弱环节，为其提供合适的学习建议并帮助教师制定下一阶段的教学计划。智慧教育系统可根据教育实际随时进行调控,从而保证教学系统功能的稳定发挥。

教育复杂系统是一个复合系统,包括社会、物理、信息等子系统,后两者可以无缝衔接,而前者与后两者需要构建切实可行的耦合机制,形成线上、线下协同,物理、信息和社会步调一致的联动机制。

(七)交互自然沉浸

借助全面感知和泛在互联,可将大量的数据汇聚于数据中心,充分利用这些数据,构建沉浸式仿真平台,提供自然交互、丰富感知的人机界面,创新原有的教育教学与教育管理模式,是智慧教育系统中的关键核心特征之一。智慧教育系统支持全方位的自然直观交互,包括人与人之间的交互以及人与物之间的交互等。

智慧教育充分利用沉浸交互,将传统教学模式在空间和时间上自由延伸,为变革原有授课模式提供了无数种可能,方便实现区域教育资源的高效共享,从而推动区内教育均衡发展和区域教育整体水平的提升。

第二节 智慧教育的建设运营

智慧教育不是孤立存在的,其旨在充分运用移动互联网、大数据、云计算、物联网等新一代的信息技术手段,构建网络化、数字化、智能化的学习空间、学习生态和现代教育系统,旨在促进教育利益相关者的智慧养成与可持续发展,推动教育的创新与改革。因此,智慧教育建设本身是一项综合性的具有相当难度的项目。要使智慧教育实现教育再发展的目标,必须明确其建设应遵循的原则、基本架构及具体内容。

一、智慧教育的建设

(一)建设原则

智慧教育建设以服务教育和提升教育水平为出发点,构建良好的信息交流与资源共享平台,开放教育环境,充实教育资源,提升教育管理和服务水平。智慧教育的建设是一个系统工程,涉及多个设计细节和执行环节,需要从整体的高度全盘考虑。总体上,其建设应遵循均衡性与集约性结合、系统性与时效性结合、标准化与个性化结合和协调性与责任性结合的"四个结合"原则。

1.均衡性与集约性结合

为避免重复建设或成为信息孤岛,智慧教育的建设应注意均衡性。第一,智慧教育面临不同地区教育发展阶段差异、信息化程度差异等不均衡的现实状况,而教育作为一种基本的公共性活动,均衡性是其基本的价值取向和必然的发展趋势,因此智慧教育的建设应立足于整体教育水平的提升,兼顾不同地区、不同发展阶段。第二,在具体的操作过程中应注意不同项目间投入的均衡性,防止出现软硬件投入的不均衡、项目开发和整合的不均衡等现象。同时应当明确,均衡不意味着"削峰填谷",不是限制或削弱发达地区、优质学校和强势群体的发展,而是"造峰扬谷",依据实际情况努力实现共同发展、分类发展。

因此,智慧教育还应重视集约性,探索如何最充分地利用一切资源。集约建设需要关注如何利旧,即有效整合已有教育资源,做到物尽其用;又需要关注如何立新,即统筹人员、资金等资源,建设新的共性支撑平台和应用系统。

2.系统性与时效性结合

智慧教育作为一项复杂的系统性工程,需要进行具有前瞻性和示范性的顶层设计,结合建设模式、队伍组成、资源投入等多方面因素进行综合考虑,统一规划基础设施、信息资源、应用系统、支撑环境、安全保障等建设内容。只有进行系统性规划,才能平稳有序地推动智慧教育建设。而在互联网时代,技术的发展是瞬息万变的,教育理念、水平等具体情况也无时无刻不在发生着变化。因此,智慧教育的建设需要进行系统性规划,更需要结合实际与时俱进地进行调整。

3. 标准化与个性化结合

在智慧教育的建设中,标准化是不可或缺的原则。标准化可以使建设更有序、更合理,也使建设的监督和评价有所依凭,能够对教育进行更有针对性、方向性的改进,实现良性发展。遵循标准化规划与设计原则的建设有统一门户、统一身份认证、统一编码规范、统一数据格式、统一数据库等项目,这样标准化的建设使不同地区间教育系统的联动成为可能,真正发挥智慧教育开放共享的效用。但强调标准化的同时不应忽视个性化,具体建设应与建设地教育发展状况、建设范围、风险评估等实际情况相匹配,紧紧围绕需求核心,整体规划、全面部署、扎实推进、分步实施,坚持"实用"的设计原则,尽最大可能使建设"落地化",展现个性化特色。

4. 协调性与责任性结合

要实现智慧教育的建设目标,需要教育者、受教育者、管理者、公众等多方主体的积极参与,需要多方力量的有效协调。因此,在智慧教育建设中应注重协调性,在硬件系统、应用系统建设的同时,需要加强建设部门与应用部门、各应用部门之间的沟通与协同,打破部门壁垒、挖掘深层数据、集成可靠信息、实现资源共享,最大限度地发挥智慧教育建设的功能和效益。同时应理清各主体在既定建设模式中的权责分配情况,重视建设的责任性,防止在建设中出现多头领导或无人负责的困局。

(二)技术体系建设

将智慧教育技术体系加以解构,按照信息由采集到传递、处理、系统分析直到最终投入使用的过程,自下而上可分为感知层、网络层、平台层、应用层和用户层五层。

1.感知层:数据采集层

感知层是智慧教育的技术底层,是整个智慧教育系统的数据采集源,依据感知数据自适应地为用户提供推送式服务。与传统教育片面性或剖面性非自然的采集方式相比,智慧教育数据的采集强调持续性、自然状态和全面性,数据的来源是跨界的、多源头的,包括设备运行、教学环境以及学习者的状态等,可以说是随时随地。感知层的建设重点是服务器、多媒体等信息采集基础设备,这些设备广泛嵌入到教育所处的外围环境中,实现对校园、图书馆、社区等地点以及学生、老师、家长等群体在教育方面相关信息智能化的识别、采集和监控。如今,数据和信息已被认为是城市物质、智力之外的第三类重要战略资源,而感知层发挥了教育与网络进行信息交互的重要枢纽作用,决定了教育中哪些信息可以被感知、关注,更上层的数据分析、应用等都必须要依靠感知层的基础信息采集才能够完成。

2.网络层:数据传输层

网络层负责教育数据和相关信息的传输,构成教育的信息传导系统。一方面,通过互联网、物联网等形成泛在化的网络承载系统,能够将感知层采集的信息进行实时、准确地传递,也为各类应用随时、随地、随需地提供高速、泛在的网络条件;另一方面,网络层的存在使智慧教育能够真正打破时间、空间的界限,实现人与人、物与物、人与物之间的全面互联、互通与互动,从而增强信息获取和实时服务的能力。具体地,智慧教育的网络系统建设主要存在于智慧城市网络通信中,智慧城市通过普适、共享、便捷、高速的网络通信基础设施建设,为城市信息流动共享提供通道。除了基础的互联网、物联网、通信网络建设,智慧教育网络层建设的重点是与教育联系更为密切的、更具特色的校园网和教育专网建设。

3.平台层:数据存储与分析层

平台层由各类数据中心和支撑公共平台的应用构成,通过云计算、大数据等技术,实现对城市教育数据信息资源的聚合、共享以及高效、准确的分析处理,及时反映各个对象的变化状况,为应用决策提供数据分析结果支持,其在整个智慧教育技术体系中占据极其重要的位置。同时,智慧教育建设规模大、项目多,平台的建设有利于实现数据、资源、服务的有效整合,避免重复建设。智慧教育的平台层大致包括大数据平台、教育资源服务平台和教育管理服务平台三大部分。大数据平台主要提供数据的采集、存储、处理、分析以及可视化等服务,使体量大且繁杂的非结构化数据有效服务于应用。教育资源服务平台与教育管理服务平台包含在国家"三通两平台"建设工程中,是平台层重点推进的建设项目。资源平台建设的主要目的在于实现优质资源的共享,以及资源与应用的良好对接;管理平台建设的目的在于教育服务的开发共享,以及为实际应用中管理决策的做出提供依据。

4.应用层:数据的项目化使用

应用层是整个智慧教育系统的决策中枢、控制中心,主要指在感知层、网络层、平台层基础上建立的各种具体应用项目,主要包括智慧校园、智慧图书馆、在线教育、网络学习几个类别。应用层以满足具体领域业务需求为目标,与日常生活联系最为紧密,直接面向最高层的用户,包括教育者、受教育者、教育管理决策者以及其他公众。

5.用户层:数据的最终应用者

用户是智慧教育系统服务的目标,享受应用层带来的便捷、联动、高效的一站式信息化服务;同时也是智慧教育系统建设最直接的利益相关方,其对教育的诉求对教育系统的运行与发展具有深刻影响。

(三)保障体系建设

智慧教育建设不仅是技术体系的建设,更包括保障体系的建设,而保障体系又可以进一步划分为标准规范体系、安全保障体系、运维管理体系、运营推广体系四个方面(见图4-1)。其中,标准规范与安全保障体系贯穿于教育信息化的整个过程,具有十分重要的地位;运维管理体系负责保障智慧教育体系的正常运转;运营推广体系负责保障智慧教育确定正确的发展方向,实现体系自身的优化与成长。而具体地,每一方面又可划分出多个层次。

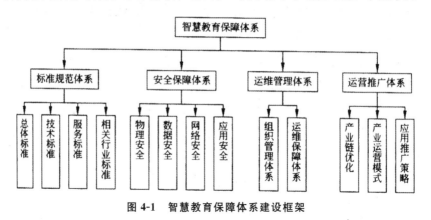

图 4-1 智慧教育保障体系建设框架

1.标准规范体系

标准规范是判断智慧教育建设水平的具体性规则,是智慧教育系统建设的基础,也是维持系统正常运行的重要保障。国际上许多国家和地区,存在部分研究机构或国家奖学金标准化组织,从事智慧教育规范制定的工作,比如美国电气与电子工程师协会学习技术标准委员会、全球学习联合公司等。这些组织按照不同的划分方式,提出自身的标准规范体系。

目前,我国尚未建立智慧教育标准规范体系。但教育信息化技术标准委员会(CELTS)已在电子书包、智慧校园等具体应用层面制定相应规范。而国内外大多标准体系的制定服务于衡量教育技术的掌握程度和质量水平,规范内容较多考虑软硬件技术层面以及学习者的学习能力层面。构建较全面的标准规范体系应当包括总体标准、技术标准、服务标准和相关行业四个方面。总体标准一方面来源于国家政策的宏观规划,界定智慧教育建设的总体架构、建设地点、规模等内容;另一方面包含对学习、教学、培训、管理等能力要求的规范,如《中小学教师教育技术能力标准》(教师〔2004〕9 号)等。技术标准可进一步划分为资源和环境两个层面,资源层面主要包含专业术语表述、数据标准等内容,努力使资源描述、封装、重组,保证资源流通共享的顺畅;环境层面主要包括软硬件设施规范,如《中小学校教室采光和照明卫生标准》(GB7793—2010)、《教学视听说设备及系统维护与操作的安全要求》(GB12641—2007)等规范都属于这一层面。服务标准包含教育管理、评价、具体应用等方面,如《中小学生学籍管理办法》(教基一〔2013〕7 号)等。此外,标准体系中还应当包含相关行业的标准,如基础设施建设的质量标准、在线教育企业运营的合法性认证等。此外,全国跨境教育标准化服务联盟、中国教育信息化产业技术创新战略联盟、北京教育信息化产业联盟、中国教育装备行业协会、中国教育后勤协会等智慧教育的相关团体和联盟,也通过出台一系列的团体标准、行业标准等方式,加入到标准制定的活动中。

2.安全保障体系

安全保障体系也是智慧教育保障体系的重要组成部分,主要包括物理安全、数据安全、网络安全、应用安全四个方面。物理安全包括设备安全(如校园设施、网络硬件设施)、动力安全(如供水、供电系统安全)、容灾备份(如灾害防御、重要数据备份)等主要保障网络和教育设施本身的安全性,以及将人为或自然对其可能造成的危害降至最低水平。数据安全主要负责保护信息在存储、传输、处理等过程中的完整性、真实性、机密性,防止数据被窃取或篡改,其涵盖的内容主要包括数据加密、隐私保护、身份识别等。网络安全主要指对数字化校园基础网络与信息系统的运行过程和状态的保护,通过实时监测、系统防护等措施,应对网络入侵、网络信息非法占用等情况,预防网络服务中断甚至瘫痪,其目标是建立网络安全的动态化、全过程主动防御系统,保障信息传输过程的安全性。应用安全是对纷繁复杂的网络信息进行有针对性地隐藏、发现、分析和管理,以保障用户在具体应用过程中的安全,主要包括信息检索、数据挖掘、特定信息过滤(例如色情、暴力等不良网络信息,未成年人信息保护)、危机预警(包括网络舆情预警和潜在的诈骗、病毒等危害用户安全的信息预警)等内容。

3.运维管理体系

运维管理体系主要负责保障智慧教育系统的日常运行和维护,其不断发展优化的目标是使智慧教育各项复杂的活动实现自动化、数据化,并且最终可视化,从而确保质量、效率和成本几者之间的平衡,使整个教育生态系统实现良性运转。具体地,智慧教育运维管理体系,下辖组织管理体系和运维保障体系两大主要体系。组织管理体系偏向宏观层面,主要包括机构设置(明确系统组织结构和权责分配)、政策制度(发挥制度的规范作用)、资金筹措(为系统运行提供稳定的资金支持)、人才培养(充实系统人力资源)等内容。而运维保障体系则更偏向微观的技术操作层面,包括日常数据维护、对运行过程的智能管控、运行成果的评估反馈及运行前景的发展预测等内容。

4.运营推广体系

运营推广体系主要从宏观、微观两个层面聚焦智慧教育系统的成长,包含产业链优化、产业运营模式、应用推广策略等组成部分。宏观角度上,智慧教育改变了传统教育产业结构,形成了规模化的新型智慧教育产业,产业的发展需要合适的顶层设计、产业链的构建与优化、建设运营模式的选择与评估等方面保障;而微观层面,大量智慧教育具体应用的发展需要合适的推广策略与营利模式选择,这些都是运营推广体系所需要关注的。

二、智慧教育的运营

商业运营模式的正确选择能够在保证教育服务质量的前提下实现运营主体良好营利,以营造"造血机制"。这对智慧教育产业的良性运转与可持续发展具有至关重要的意义。因此,有必要对商业运营模式进行推演和远期规划,并根据实际需求不断进行修正。运营通过引进市场机制对教育赋予商业化属性,但应当明确的是,商业运营于根本上还是服务于教育而非追求利益,优秀的商业运营模式应当始终将用户需求作为中心,努力向用户提供完整的、高附加值的、综合的信息化、智能化教育服务。

(一)主要商业模式

根据教育价值传递模式的不同,可将智慧教育运营划分为B2C、O2O、C2C、PF 等多种商业模式。根据产业链中内容提供方、平台提供方、第三方服务支持方三个主体产生的不同关联可以产生不同的运营模式,大体上可分为 B2B、B2C、C2C 和 B2B2C四类。而事实上,不同的运营模式也在不断发展与融合,例如一些 B2C 企业尤其是 K12 领域企业,逐渐走向 B2B2C 模式,以更好地把握公立院校流量;而一些 B2B2C 模式企业会转变为 B2C 模式,以增强客户的黏性;一些 C2C 模式企业也融合 B2C 元素,谋求更好的发展。

1. B2B 模式

B2B 模式指机构与机构间的商业模式,包括 BAT 等服务机构向教育培训企业提供的广告服务,教育培训机构向企业、政府、团体提供教育服务等具体形式,这一应用的侧重点主要在教育相关服务的提供,与具体教育内容间的联系并不紧密。

2.B2C 模式

B2C 指机构与个人间的商业模式，通常指教育内容提供方不经过其他平台而直接将内容提供给用户，较有代表性的企业有猿题库、51Talk、爱考拉等。这一模式是最常用的商业模式，往往掌握产业链中丰富的优质上游资源，且拥有海量用户，因此多被资本所看好。但这种模式中，教育者不能与受教育者直接对接，需要通过 B 端这一中间环节，教育者与被教育者均需承担 B 端机构组织运营、宣传推广等过程产生的开支，提升了教育成本。随着"互联网免费"思维的广泛传播，B2C 模式向个人用户收费变得困难，其营利难度有所提升。

3.C2C 模式

C2C 模式指个人与个人间的商业模式，这是近年来兴起的一种新兴模式，以 YY 教育为代表。C2C 模式绕开传统的教育培训机构，使教育者和受教育者通过网络平台进行教育和交易活动，因此中间环节花费的成本更低，但教育资源质量缺乏保障。

4.B2B2C 模式

B2B2C 指内容提供方不直接面对用户，而是通过建立运营提供方或第三方主体与用户取得联系的模式。这种模式将力图构建自己的内容运营系统以提供统一的服务，但其既没有 B2C 的标准化高质量服务，又没有 C2C 的商品丰富度，和两种模式相比价格也没有优势。

5.O2O 模式

O2O 模式也是近年来较被看好的一种商业模式。O2O 模式指线上与线下结合的一种运营模式，具体包括原有线下培训机构开展在线教学业务，或者是原有在线教育企业开展线下业务，如2015 年发布的"e 学大"在线教育平台便是这样的类型。但 O2O

模式的良好运行,需要企业同时具有线上与线下、平台与教育两种思维,同时线下线上的投入侧重也是一个巨大的问题,实际操作难度较大。

6.其他模式

在特殊情况下,部分商业模式的运营方式并不固定。如MOOC(慕课)这样教育者、受教育者、学校等多方主体参与的新兴商业模式,其运营方式呈现出多样化、综合化特征。OCWC(国际开放课件联盟)等非营利机构则主要通过运营增强自身的曝光度和打造品牌效应,运营模式也不明确。

(二)主要营利模式

非营利教育建设项目运营的目的可能只是单纯地增强项目影响力或更好地提供公共服务,其建设运维资金的主要来源是财政补贴。而营利性教育建设项目则需要利用自身的市场化优势,进行广泛的社会融资,营利模式是其运营中需要关注的重要部分。

1.内容收费

这种模式主要依靠提供有偿的教育资源而有所营利,是一种较为常见的营利模式。这种模式主要适用于掌握大量优质资源及用户群的教育内容提供方,主要方式包括对部分专业性极强的、具有独特价值的内容面向用户收费,这些内容有些源于切实的知识产权资源,有些则源于资源的整合,这种模式被称为数字营利模式;也要采取部分内容免费,其他内容或关键部分付费的方式。收费的方式也是具有多样性的,包括直接支付、会员充值等形式。

2.增值服务

增值服务也是一种常用的营利模式,主要方式是先提供免费的基础服务,而后提供有价值的增值服务。增值服务模式的实现需要三个条件:一是拥有海量的用户群体,二是拥有基础服务,三是增值服务的价值足以让用户愿意为其买单。增值服务的提供形式也是多样化的,例如,通过提供考试、就业咨询等服务收取费用,免费的学习体验后的付费学习,周边产品售卖等。这一模式较好地解决了教育过程中的互动性和个性化问题,同时无须提供内容从而很好地降低了版权风险。

3. 平台佣金

这是教育平台提供方常用的一种营利模式,平台方对进驻平台的教育机构收取佣金,进而允许教育机构在平台上提供教育资料与服务,YY 教育、淘宝同学等均采取这样的营利模式。平台佣金模式的出现源于部分教育资源创作机构与教育内容版权商想扩大分销渠道、开拓网络用户,但鉴于运营方面资源和经验的短板,决定通过战略合作或外包的方式将分销渠道赋予指定的网络平台方代为操作。平台方负责出售平台入口获取利润,并向代理机构提供内容或服务,并针对视频点播、在线课堂等宽带服务向版权商收取一定的运营费用或者提取一定比例的用户付费。

4. 广告收费

广告也是教育网站较常见的一种营利模式,教育网站广告投放的形式繁多,包括横幅、图标、Flash 多媒体动画等。从收费的方式来看,现在比较受欢迎的是按点击次数收费,Google 和百度等搜索引擎网站都是主要采取此类收费方式。很多小型教育网站也通过 Google Ad Words 或百度主题推广等推广工具获取广告利益分成。几乎每一个教育类网站都会提供相关广告位,但是能够依靠广告营利的只是少数具备品牌优势、能带来大量流量及点击量的网站。

此外,还有数据出售、工具出售、方案出售等其他营利模式。而具体营利模式的确定与操作通常还要受到多重因素的影响:第一应考虑"支付单位划割",即从时间（付费时间表）、项目、产权、开采权、转让权等方面进行收费额度评估；第二应确定"营利深度"，即付费范围可以对部分用户收费、对某些服务的基本功能收费或对所有用户按消费数量收费等；第三应考虑教育的"经济批量"，即实现营利的最小（单次）额度；此外，还需要对费用的一致性、支付与使用者的一致性、要价方式、支付方式等因素进行具体考虑。

第三节 "三通两平台"建设

"三通两平台"是我国教育信息化建设的核心目标，是促进基础教育信息化的重点工程。其建设的目的在于全面提升国家基础教育信息化整体水平，实现优质教育资源的全覆盖，从而帮助所有适龄儿童和青少年平等、有效、健康地使用信息技术，培养自主学习、终身学习能力。"三通两平台"关注的重点是基础教育信息化，而高等教育的适用性相对较弱，原因在于一方面高等教育的信息化水平总体较高。据教育部统计，高等教育学校已实现 100% 宽带接入和 100% 多媒体教室覆盖，并已建立 4000 门左右的国家级精品课程和数万门省级精品课程，优质资源建设与共享初步实现。另一方面，从资源的建设与应用来看，高等教育课程个性化较强，建设全国统一的数字化教育资源难度较大。因此，"三通两平台"更多的是一个针对基础教育信息化提出的概念。

一、"三通两平台"建设的提出

近年来，教育信息化被提升到新的战略高度，"以教育信息化带动教育现代化"成为推进教育事业改革与发展的战略选择。然而，基础教育的信息化发展仍面临诸多问题：基础设施建设薄弱，互联宽带尚未普及；优质资源数量、质量不足，且未形成共享机制;教育管理缺乏系统,"信息孤岛"问题严重;而相应的制度、安全、标准等保障机制建设也存在严重不足。针对这些问题,国家提出"三通两平台"重点工程,以更好地推动教育信息化的实现。

2010年5月,国务院审议并通过的《国家中长期教育改革和发展规划纲要(2010—2020年)》文件中,将"加快教育信息化进程"列为独立章节,并列入十大重大项目之一,其中"提高中小学每百名学生拥有计算机台数,为农村中小学班级配备多媒体远程教学设备;建设有效共享、覆盖各级各类教育的国家数字化教学资源库和公共服务平台;基本建成较完备的国家级和省级教育基础信息库以及教育质量、学生流动、资源配置和毕业生就业状况等监测分析系统"等措施成为日后"三通两平台"工程的雏形。2012年3月,教育部正式发布《教育信息化十年发展规划(2011—2020年)》,更具体地指出了我国教育信息化未来十年的八项任务和五项行动计划;同年5月,杜占元教育部副部长在教育信息化试点工作座谈会上将其进一步概括为"基本解决各级各类学校宽带网接入与网络学习环境的问题、加强优质资源的建设与共享、建设实名制的网络学习空间环境"三大任务和"教育资源公共服务平台、教育管理公共服务平台"两大平台,并概括出"宽带网络校校通、优质资源班班通、网络学习空间人人通"的"三通工程"。2012年9月5日,在全国教育信息化工作电视电话会议上,时任国务委员刘延东副总理正式提出"三通两平台"的概念,并将其列为教育信息化建设的核心目标与标志工程。

"三通两平台"工程提出五年来,其建设与应用已取得巨大成效。"宽带网络校校通"发展迅速,全国中小学互联网接入率已从2012年的25%上升到如今的87%,多媒体教室比例从不到40%增加到80%,每百名中小学生拥有计算机从8台增加到12台,不少省市已建成教育城域网,基础教育信息化基础条件进一步夯实。"优质资源班班通"不断普及深化,"一师一优课,一课一名师"等重点活动参与教师人数已超过1000万人次,累计晒课730多万堂,经济发达地区教育资源建设重点已从教师备课资源向学生学习资源转变，"课堂用、经常用、普遍用"的教育信息化新常态初步形成。"网络学习空间人人通"实现跨越式发展，师生网络学习空间开通数量从 60 万个激增到 6300 万个，质量与效果也有所提升；同时，网络学习空间在学生个人成长记录和综合素质评价方面的应用，带动了教育理念的变革和教育模式的创新。"教育资源公共服务平台"初具规模，国家教育资源公共服务平台不断优化升级，数字教育资源服务由各省间彼此独立的平台建设向全国互通的教育资源公共服务体系转变，服务体系注册用户已达6000 万人，接入应用数百个，资源服务能力不断提升。"教育管理公共服务平台"建设全面开展，"两级建设、五级应用"的管理信息化格局基本形成，约 2.1 亿学生信息并入全国中小学生学籍信息管理系统，基本实现电子学籍管理；全国教师管理信息系统部署应用，"一人一号"初步实现。

"三通两平台"具体指宽带网络校校通、优质资源班班通、网络学习空间人人通的"三通"，以及教育资源公共服务平台和教育管理公共服务平台"两平台"。

二、"三通两平台"建设内容

(一)"三通"建设内容

1. 宽带网络校校通

"校校通"工程提出的时间相对较早，早在 2000 年教育部就发布了《关于在中小学实施"校校通"工程的通知》，并提出"用 5～10 年时间，使全国 90% 左右的独立建制的中小学校能够上网，使中小学师生都能共享网上教育资源，提高所有中小学的教育教学质量"的建设目标。"宽带网络校校通"是一项融合了基础设施建设与信息化环境营造的以校为本的系统工程。该工程的重点在于通过政府、专业院校、行业企业等诸多主体的协同努力，推动宽带网络等一系列校园信息化基础建设,力求实现各级各类学校网络条件下基本的教学和学习环境建设,从根本上解决校园宽带接入"最后一千米"的问题。具体来说,"宽带网络校校通"建设可以分为 4 个层次。

(1)信息化设备建设。第一层指教育信息化设备建设,主要包括计算机、扫描仪、投影仪等教师网络教学信息化设备,计算机、电子书包等学生网络学习信息化设备,以及基础的网络管理设备等。

(2)信息化环境营造。第二层指以多媒体教室为基础的信息化环境营造,包括多媒体教室、电子阅览室等。

(3)校园网建设。第三层指校园网建设,即通过宽带接入或无线接人为教育、科研、管理活动建设校园内局域网络,满足每个班级和每个部门的网络接入和教育资源访问需求。

(4)城域网建设。第四层指教育城域网建设,即校园连入城域网络,实现真正意义上的校与校之间的互联互通,最大限度地满足各学校对教育资源公共服务平台、教育管理公共服务平台,以及公网资源的快速、安全的访问需求。

2.优质资源班班通

2009 年的教育部工作要点中提出,要"扩大农村现代远程教育网络覆盖面,进一步提高应用水平,努力实现'班班通、堂堂用'促进优质资源共享",即"优质资源班班通"。

"优质资源班班通"是一项融合了基础设施、软件资源以及教育教学整合等内容的系统工程,是要使基本实现"宽带网络校校通"的学校大部分班级的课堂教学能够使用优质数字教育资源,能够通过优质数字教育资源和信息技术手段提高教学质量,促进教育均衡发展。具体地,是指学校每个班级里具备与外界进行不同层次的信息沟通、信息化资源获取与利用、终端信息显示的软硬件环境,实现信息技术与学科日常教学的有效整合,促进教师教学方式和学生学习方式的变革,最终促进学生的发展。"优质资源班班通"包含以下三个层次的内涵。

（1）硬件环境营造。"班班通"硬件环境可以分为常规教室的班班通建设与专用教室的班班通建设，常规教室从简单到复杂又可以分为简易多媒体教室、多媒体教室（最常用）、网络教室、移动网络教室几类，而专用教室可分为数字化语言实验室、数字化科学实验室、教师电子备课室、学校主控室、录播教室等；同时，每种教室中按照需求相应配置交互白板、电视机、投影仪、计算机等硬件设备。

（2）教学资源库建设。信息化教学资源是"班班通"的基础，是信息技术与课程有效整合的关键，可分为媒体素材、教学案例、课件、工具、网络课程、索引目录、试卷试题、文献资料等几类。

（3）教学活动的信息化呈现。教学活动是"班班通"最后的落脚点，包括讲授、演示、实验、示范、讨论、练习、探究等多个环节，且每个环节均存在相应的传统或信息化教学活动。

3. 网络学习空间人人通

"三通"工程中，"人人通"提出的时间最晚。其较为明确的提出，源于2012年5月教育部副部长杜占元在教育信息化试点工作座谈会上的讲话中对"三通工程"的表述，其提出的目的在于强调以人为本的教育方式的变革。

"网络学习空间人人通"是指通过建立实名制的网络学习空间，充分发挥网络学习平台在资源共享、互动交流、教学管理和教师研修等方面的支撑作用，真正把信息技术和教育实践的融合落实到每个教师和学生的日常教学和学习中，使师生可以不受时间空间和物理距离的限制，充分利用互联网带来的便利性，随时随地进行学习和交流，进而形成基于网络学习空间的教学、教研和研讨方式，实现教与学、教与教、学与学全面互动，促进教学方式与学习方式的变革。

实施"网络学习空间人人通"，面向不同角色的用户便拥有不同的建设及应用要求，但总体都应体现"通"的建设内涵，即实现信息沟通、资源融通、服务贯通、数据汇通、接入连通、使用畅通。总体上,"人人通"建设框架可分为空间结构、接入环境、支持服务、用户能力四个维度,且每个维度均有其具体的建设内容。

(1)空间建设。网络学习空间人人通建设的核心在于多样空间的建设,空间结构主要包括角色空间、资源空间、工具空间、过程信息空间等,指向网络学习空间教与学过程涉及的要素,而空间的正常运行需要一定的容量、展示功能、移动终端及配套协调机制。

(2)环境营造。接入环境是获取网络空间服务的前提条件,可根据应用场景的不同从校内定点上网、校园随处上网、校外联通上网三个方面考虑包括接入网络、接入载体等接入环境的建设。

(3)支持服务建设。支持服务包括校本自我维护、区域专业维护、电信专业维护三个层面,是"人人通"建设顺利开展和持续推进的重要保障,也为教育信息化整体的可持续发展提供必要的支撑。

(4)用户能力培养。用户能力包括信息沟通能力、资源利用能力、知识建构能力、自评反思能力、协作互动能力等。用户要成为成功的自组织学习者,需要具备善于沟通、善于反思、善于协作、善于入群、善用工具、善于发挥的六大要件,提升对新的数字学习环境的驾驭能力。

(二)"两平台"建设内容

1.教育资源公共服务平台

建设教育资源公共服务平台是《国家中长期教育改革和发展规划纲要(2010—2020年)》的要求。纲要提出要大力开发教育资源,同时积极推动资源应用,努力实现教育资源的共享。在教育资源公共服务平台的四层架构体系中,第三层应用层与平台建设的主要内容联系最为紧密。具体地,国家与地区的各级教育资源公共服务平台建设在内容上存在差异,但总体上都存在资源、应用、活动、社区四大部分。

(1)资源建设。教育资源建设的核心思想是资源的共享共建,以基础教育资源库为基础,包括资源的发布、审核、播放、展示、评论、购买、推荐等功能。一般地,平台的资源部分包括资源导航、资源推荐、资源超市等几个子系统。资源导航系统对教育资源按照学科、阶段、类型、专题、格式、用户等标准进行分类,提供便捷的资源发布及查询渠道,实现资源的统一规划、统一整理,避免资源的流失、"信息孤岛"及重复建设现象发生。资源推荐系统主要负责对教育资源进行推荐,以更好地满足用户需求;推荐的标准包括新发布、点击量最高及基于用户的智能匹配等;推荐的内容包含平台内资源,以及平台外相关资源等。资源超市主要负责付费资源的购买,通过市场化的机制降低资源建设成本,提升资源利用率,形成资源配置和服务集约化,实现最广泛的互联互通和资源汇聚共享。

(2)应用建设。应用项的主要内容是对智慧教育相关 App 应用的推荐,各平台对应用分类存在差异,但基本均包括教学、学习、管理等与主体相对应的内容,较为常见的包括备课授课、互动课堂、协作互动、网络课程、网络教研、作业测评、数字图书馆、语言学习等事项。同时,活动与社区也是平台建设的一部分。

(3)活动建设。活动项包括活动的通知、推荐、报名等重要子项,为"一师一优课、一课一名师"等智慧教育相关专题活动提供宣传与拓展途径。

(4)社区建设。社区项包含专题教育社区、国家推荐教育社区、地方教育社区、名师工作室、体验中心等子项。社区中多方主体可以针对特定话题开展广泛的交流讨论,其建设有利于教育资源公共服务平台体验性、互动性的提升,并有利于发挥典型的示范、辐射和指导作用,实现了资源共享、智慧生成、全员提升的目的。

2.教育管理公共服务平台

资源平台和管理平台是教育信息化的两大支柱,建设教育管理信息平台是支撑教育管理现代化的基础性工程。教育管理公共服务平台即教育云管理服务平台,其不同的政府文件对其具体内涵的界定是存在分歧的,总体上可以分为两类:较为狭义的界定将平台具象为面向公众服务的网络平台,将其视为教育管理信息系统建设的核心部分;广义的界定则将平台与系统的差异模糊化,将平台的建设基本等同于教育管理信息系统的建设。由于平台的建设本身是一项系统工程,且我国至今尚未建立如"国家教育资源公共服务平台"一般明确而统一的"国家教育管理公共服务平台",因此本书倾向于选择宏观的内涵界定方式。

教育管理公共服务平台是立足于"教育管理"的服务平台,从服务的对象来看,其在传统的职能部门用户基础上,对用户群体进行拓展,增加了学生、老师、家长等大众群体。从系统功能来看,由传统的关注数据采集发展到越来越重视业务管理与服务,为各级各类学校提供校务管理服务,为地方各级教育行政部门提供教育电子政务教育基础信息管理和决策支持服务,为社会公众提供教育公共信息服务。从建设的意义来看,建设教育管理公共服务平台是加强教育监管的迫切要求,以保障智慧教育各重大项目的安全高效运行;是提高教育公共服务能力的有力保障,有利于教育信息的公开透明;是实现教育信息化发展的现实需求,可以良好服务于教育决策的制定和信息管理,实现教育管理流程的再造和优化,对提高教育管理的效率、质量和水平具有重要的支撑与引领作用。

目前,教育管理公共服务平台建设已全面开展。"十二五"期间已建立了全国学生、教师、学校经费资产及办学条件三大基础数据库。为每一名学生、教师、学校及其资产建立全国唯一的电子档案,实行学生和教师"一人一号",学校"一校一码"。并在32个省级单位建立了省级数据中心,国家级教育数据中心基本建成,初步形成"两级建设、五级应用"的格局。此外,建设了全国学生、教师、学校经费资产及办学条件、教育规划与决策、教育专项业务等五大类管理信息系统,通过将这五大类系统全国联网,实现相关业务的信息化管理和教育基础数据的"伴随式"收集。同时,平台中各具体系统在教育经费安排、学生资助、营养改善计划、招生考试、随迁子女和留守儿童关怀、学生流动监控等实际应用中发挥的作用越来越大。以全国中小学生学籍信息管理系统为例,该系统建设不到两年已实现 1.9 亿学生信息入库,并完成 7000 万学生毕业、2.5 亿学生升级、7000 万新生入学、1100 万学生转学工作,大大节约了人力成本、时间成本和经济成本,受到了用户的普遍欢迎。但同时,各系统间仍未实现良好的融通,尤其是类似国家教育资源公共服务平台的全国性的统一管理服务平台仍未建成,整合、融合、应用、服务和创新无疑已成为教育管理公共服务平台下一步发展的目标。

第四节　智慧校园建设

　　智慧校园是智慧教育中有关智慧学习环境的重要组成部分。在古代社会,随着文字和社会分工的出现,古埃及、两河流域、古印度和中国就出现了专门进行施教的场所。进入现代社会后,教育的基本功能体现为促进社会发展和促进个体发展,学校便成为促进社会发展和个体发展的主要载体。进入 21 世纪以来,随着中小学"校校通"工程、"农远"工程和高校教育信息化工程的实施,教育信息化进入了新的发展阶段。在社会信息化的大背景下,建设智慧型校园,不断推进以学校为主体的教育信息化进程,成为教育信息化的重要组成部分。

一、智慧校园的概念和特征

(一)智慧校园的概念

从功能来看,智慧校园首先是基于信息技术的,是数字校园的提升,是教育信息化的新境界。第一,智慧校园提供智能感知的生活环境、校园生活服务平台;第二,智慧校园提供了教学与科研的智慧环境;第三,智慧校园提供了一个新的管理模型。

追溯校园信息化的历程、智慧校园的缘起,以及"智慧地球"的内涵,智慧校园的内涵应该包括以下几个方面:

(1)智慧校园的目的是促进教育教学效果的提升、校园管理的转型。智慧校园作为智能感知环境,其意义体现在便捷的生活服务,因为校园即社会,教育即生活,师生是校园的主体,便捷的生活和工作环境是教学与科研的基础[①];一体化的教育教学服务来自大数据收集、传输和存储,更重要的是大数据分析,在此基础上进行泛在学习和个性化教与学;智慧校园作为一种新的管理模型,灵活、便捷、安全、科学、广泛参与,涵盖校园管理的方方面面,但也是其内涵中最难实现的部分。

(2)智慧校园为教育教学提供新的研究视角:洞见和预测。从计算机单机到互联网,到物联网、云计算、移动计算,再到大数据,每一次技术的进步与更新,都能为我们提供学校教育新的认识视角和研究视角,我们也有机会深入了解、重新认识教育及其发展规律。因为我们有完备的实体组织机构,足以应对教育过程和教育空间中出现的各种问题,所以我们只是在出现问题的时候尽快应对,而忽略了对未来的洞见和预测。从另一个角度看,我们对教育还不够了解,了解得还不够深入。这也是当前教育存在的诸多问题之一。这导致没有对数据这一工具的需求,需要的时

① 于长虹,王运武,马武.智慧校园的智慧性设计研究[J].中国电化教育,2014
(9):7-12.

候又没有数据,没有对数据重要作用的认识,没有通过数据做决策的渴求。智慧校园以其对数据的重视,为我们重新认识教育教学提供了新的视角。

(3)智慧校园成为校园文化最主要的内容。文化是一个很宽泛的概念,而智慧校园因其承载校园文化而成为校园文化的主角。

综合上述分析,我们将智慧校园概念界定如下:智慧校园是指以促进信息技术与教育教学融合、提高学与教的效果为目的,以物联网、云计算、大数据分析等新技术为核心技术,提供一种环境全面感知、智慧型、数据化、网络化、协作型一体化教学、科研、管理和生活服务,并能对教育教学、教育管理进行洞察和预测的智慧学习环境。

(二)智慧校园的特征

1.环境全面感知

智慧校园中,通过利用各种智能感应技术,包括光线、方位、影像、温度、湿度、位置、红外、压力、辐射、触摸、重力等技术实时获取各种监测信息,可实现全面感知。全面感知包括两个方面:一是传感器可以随时随地感知、捕获和传递有关人、设备、资源、位置(位置感知)的信息;二是对学习者个体特征(社会感知,包括学习偏好、认知特征、注意状态、学习风格等)和学习情景(情景感知,包括学习时间、学习空间、学习伙伴、学习活动等)的感知、捕获和传递。此外,智慧校园还具备对现实中人、物、环境等因素特征、习惯的感知能力,并能依据建立的模型智能地预测一般规律与发展趋势。

2.网络无缝互通

智慧校园支持所有软件系统和硬件设备的连接,支持校园中的人与人、物与物、人与物之间实现全面的互联互通,以及不同学习资源、服务和平台之间的互联互通,为各种随时、随地、随需的应用提供高速、泛在的基础网络环境和持续的服务会话。信息感知后可迅速、实时地传递,这是所有用户按照全新的方式协作学习、协同工作的基础。灵活、敏捷、开放、扁平化的网络环境,为用户提供了高可靠性、高稳定性的网络服务。信息服务无盲区,园区内的每一个角落,包括办公室、课堂、宿舍、餐厅等都能随时随地地访问互联网络,使用各种信息服务。同时,以高速多业务网络体系支持各类信息的实时传递,最大限度地消除了时空限制。

3. 海量数据支撑

依据"大数据"理念的数据挖掘和建模技术,智慧校园可以在"海量"校园数据的基础上构建数据挖掘模型,建立合理的分析和预测方法,对新到的信息进行趋势分析、展望和预测。同时,智慧校园可综合各方面的数据、信息、规则等内容,通过智能推理,做出快速反应、主动应对,实现智能化的决策、管理与控制,更多地体现智能、聪慧的特点。

4. 开放学习环境

教育的核心是创新能力的培养,校园面临着从"封闭"走向"开放"的诉求。智慧校园支持拓展资源环境,让学生冲破教科书的限制;支持拓展时间环境,让学习从课上拓展到课下;支持拓展空间环境,让有效学习在真实情境和虚拟情境中均得以发生。智慧校园构建开放的、多维度的学习与科研空间,具备支持多模式、跨时空、跨情境的学习科研环境。

5. 师生个性服务

智慧校园环境强调个性化的服务理念,针对不同类别的用户提供个性化的功能应用组合,向用户呈现友好的服务界面,提供便捷化、个性化的服务。

智慧校园建设中,以信息主动推送与主动服务为主,提供从内容、方式到界面等的"按需定制"的个性化访问服务。

6.各类业务深度融合

智慧校园强调"以服务为核心,以管理为支撑"的理念,集智能感知、资源组织、信息交换、管理逻辑、科学决策于一体。智慧校园环节的最终目的都是向用户提供更好的服务。智慧校园体现了校园活动的"深度融合"。"深度融合"包括学校信息化工作与学校各项常规工作在机制与机构等层面的融合、信息化平台资源的融合与集约化利用、信息化业务流程与消息数据的融合、信息化基于所有校园活动以及与外部环境(如智慧城市)的融合等四个层面。"以人为本、深度融合"体现了智慧校园的内涵。

从以上智慧校园的概念和特征可以看出,智慧校园作为智能感知环境和新型校园形态,一方面体现在便捷的生活服务中,校园即社会,教育即生活,师生是校园的主体,便捷的生活、学习、工作环境是教与学的基础;另一方面体现为一种新的管理模型,充分发挥信息技术的潜力,是对信息技术的深层次应用,是信息技术与现实社会的充分融合。智慧校园旨在通过对现实校园的信息流动、业务流程的深刻剖析和对信息技术的充分利用来实现现实校园内的新型协作关系,达成基于信息技术的智慧运行效果。然而,当前的研究和建设实践远未达到这个实际效果。

国内智慧校园的发展具有明显的地域性和层次性。发达地区的教育机构智慧校园建设程度好于欠发达地区。高教、普教、职教、幼教、成教等各种教育层次,由于业务特性、管理体制和信息化普及程度存在差异,对智慧校园的需求和体会也存在着很大的差异性。因此,建设智慧校园的关键,是从差异中总结共性,针对个性化的需求模式提供定制化的校园建设方案,将现代教育思想和现代信息技术结合起来,建立一套数字化校园解决方案,保证学校的投资最大化、业务个性化、管理职能整合化、老师学生便利化。

二、智慧校园建设的内容

智慧校园建设的总体目标就是在现有校园网络的基础上,体现"以人为本"的理念,把 EPC、RFID、各种传感器装配到教学、科研、后勤、生活等学校领域的各个部门,通过智慧校园平台,连在一起形成物联网,将各种信息融合到学校的每个人和每件物上,实现人与人、人与物、物与物的互联与协作,做到服务于全体师生。

(一)总体建设原则

1.统一标准,资源共享原则

智慧校园的建设需要充分考虑相关信息系统与学校所在省市教育信息资源的共享,建立信息资源共享机制,充分利用网络基础、业务系统和信息资源,加强整合,促进互联互通、信息共享,使有限的资源发挥最大的效益。

2.开放性原则

智慧校园的建设要对各应用系统的开发平台、数据库和运行环境进行统一考虑。智慧校园在后期的应用过程中,校园网上的应用和资源会越来越多,如果对各项应用缺乏有效的组织和管理,技术升级存在风险,那么业务系统维护的成本将会不断增加。因此,前期的建设必须考虑学校未来需求的变化和扩展,通过开放性的平台进行持续改进,并能够实现更加方便的系统维护。

3.无缝集成业务应用系统原则

在符合教育部和行业标准的体系指导下,建设智慧校园数据标准,以智慧校园平台为框架,无缝集成学校已建和新建的业务应用系统,促进数据利用的最大化。最大限度地融合数据交换集成、用户管理、统一身份认证、业务数据整合、信息资源展示等,以标准、数据、应用、用户为重点要素进行规划和建设。

4.先进性原则

系统设计采用先进的智慧校园理念、先进的技术和先进的系统工程方法,目标是建设一个可持续发展的、具有先进性和开放性的智慧校园。

5.系统安全性原则

在系统设计与建设中,应该充分考虑数据安全、网络安全、传输安全、管理安全等系统的安全。

(二)总体架构

智慧校园建设的总体架构如图 4-2 所示。该架构从下到上分别为智能感知层、网络通信层、智能信息采集与管理平台层、智慧应用支持平台层、智慧校园应用层和统一信息门户,辅以信息标准与规范体系、运行维护与安全体系两个保障体系保障智慧校园的规范建设与运行维护。

1.智能感知层

在智慧校园中,智能感知层位于系统的最底层,通过无处不在的传感器、二维码标签、RFID、摄像头等感知和识别校园中相关物体的信息,实现对校园的人员、设备、资源等环境的全面感知,具体包括物与物的感知、人与物的感知,以及系统间信息的实时感知、捕获和传递等。这就要求传感器不仅要实时感知人员、设备、资源的相关信息,而且要感知学习者的个体特征和学习情境。

2.网络通信层

网络通信层的主要功能是实现移动网、物联网、校园网、视频会议网等各类网络的互联互通,实现校园中人与人、物与物、人与

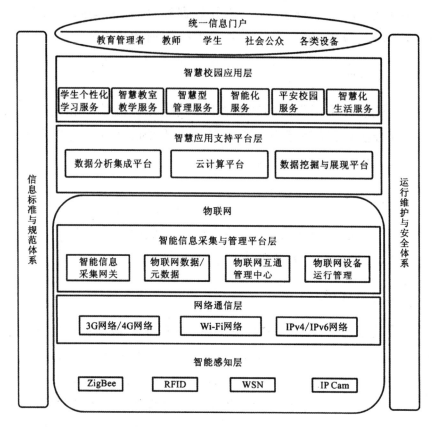

图 4-2 智慧校园建设的总体框架

物之间的全面互联互通与互动,为随时、随地、随需的各类应用提供高速、泛在的网络条件,从而增强信息获取和实时服务的能力。

3.智能信息采集与管理平台层

智能信息采集与管理平台层包括智能信息采集网关、物联网数据/元数据、物联网互通管理中心、物联网设备运行管理,主要功能是实现对收集到的数据的整理及不同系统之间数据的格式转换。

4.智慧应用支撑平台层

智慧应用支撑平台层负责对收集到的信息进行全面集成、数据挖掘和智能分析,依赖于智慧校园中沉淀的多源、海量的非结构化和结构化数据,所有这些数据均通过 Hadoop 集群进行挖掘,数据分析和处理的结果存储在专用数据库中供系统和用户使用。

　　智慧校园以实现个性化服务为目标，客观上要求对校园用户的实际需求进行挖掘。校园网、无线网、一卡通、MOOC、数字学习、社交平台等系统的海量日志蕴含了用户日常工作、学习、生活中的行为习惯和爱好等，这为通过数据挖掘提升用户的使用体验、改进服务流程和提高服务质量提供了条件。

　　5.智慧校园应用层

　　智慧校园应用层主要提供个性化服务、智能决策服务等。通过将教务管理系统、科研管理系统、人事管理系统、财务管理系统、资产管理系统等典型业务系统，传感系统、视频监控系统、社交网络系统等新型业务系统，以及各种应用系统进行高度融合，构建开放的学习环境，最终实现为师生提供个性化、智能化的应用服务。

　　6.统一信息门户

　　智慧校园通过对各种服务进行融合，展现在用户面前的不再是一个个孤立的应用系统，而是统一、友好的使用入口界面——综合信息服务平台（统一信息门户）。统一信息门户提供统一的接入门户和入口界面，针对不同授权角色的用户，提供个性化的信息服务。用户只需访问个性化的校园门户，就可以进行各种信息资源的查询、交互与协同。同时，信息化的服务方式提高了管理效率和管理水平，有助于监控服务质量，提高服务能力。

　　7.信息标准与规范体系

　　信息标准与规范体系确定了信息采集、信息处理、信息交换等过程的标准和规范，规范了应用系统的数据结构，满足了信息化建设的要求，为数据融合和服务融合奠定了基础。

　　8.运行维护与安全体系

　　运行维护与安全体系是智慧校园正常运行的重要保障。智慧校园中的安全涉及物理安全、网络安全、数据安全和内容安全四个方面;物理安全包括设备安全、环境安全、容灾备份、介质安全等;网络安全包括风险评估、安全检测、数据备份、追踪审计、安全防护等;数据安全主要包括数据库安全、数字签名、认证技术等;内容安全主要包括数据挖掘、隐私保护、信息过滤等。

(三)主要功能模块

智慧校园的功能模块如图4-3所示。

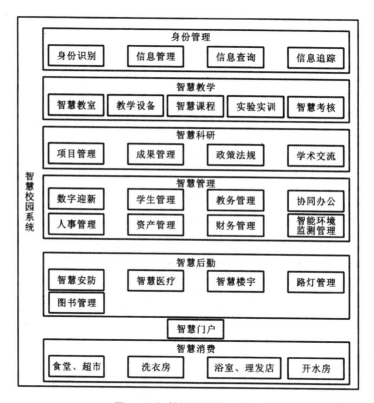

图4-3 智慧校园的功能模块

1.身份管理模块

身份管理模块是对全校师生身份的统一认证和管理。全体师生可以到智慧校园管理中心申请,在SIM卡中以RFID电子标签的形式写入自己的个人基本信息,这就成了自动身份识别的终端。这样,师生的 SIM 卡的射频标签与师生的基本信息可以通过师生信息的基本数据库进行转换。在教师离职、退休或者学生毕业时,可以申请删除自己手机 SIM 卡中的个人信息,SIM 卡会因失去自动识别功能再次成为一张普通手机卡。当教师或者学生的信息发生改变时,也可以申请更改,这些都是信息管理的功能。通过师生 SIM 卡的识别记录可查询其动态信息,比如考勤情况、到寝情况等。此外,还可以通过最近一次身份识别时标签识别器的位置来定位或追踪手机。

2.智慧教学模块

智慧校园在教学方面需要提供智慧的环境,智慧学习环境是一种能感知学习情景、识别学习者特征、提供合适的学习资源与便利的互动工具、自动记录学习过程和评测学习成果,以促进学习者有效学习的学习场所或活动空间,主要有以下特点:

(1)智慧学习环境包括融合的网络和先进的教学平台,旨在实现无处不在的网络学习。学生不仅可以在机房、图书馆、自习室、宿舍等用电脑进行网络学习,还可以在操场、食堂、草坪上通过无线网络随时随地接入网络,接收课程通知,参与课程讨论,提交作业等。

(2)学习终端不再局限于普通电脑,以 iPad 为代表的移动终端得到更广泛的应用,学生可以在课堂内外进行电子教材的学习,参与师生互动、生生互动等网络学习活动。

(3)教与学的方式将发生很大改变,教师通过智慧学习环境能够快速识别学生的特征,根据其课内、课外学习过程,对其进行合理分析与判断,将学习资源进行个性化推送,并在小组协作中进行优化组合,发挥特长,激发学生的学习兴趣与热情,提高学习效果。基于 Web2.0 理念的技术将得到充分的应用,Wiki、日志、博客等在教学中将会发挥重要作用,支持学生的共同学习与反馈,培养学生的自主学习能力,有利于知识的建构,并实现知识的共建共享。

智慧教学模块主要包含智慧教室、教学设备、智慧课程、实验实训和智慧考核五个子模块。智慧教室通过对教室中的人、设备、环境、师生情绪等进行精确感知和监控,对信息进行综合运用,根据不同的教学内容,利用现代教育技术等教学手段及当前教室的电气装置和设备,提出情景教学模式,体现智慧教室具有教学内容呈现的优化性、学习资源获取的便利性、课堂教学互动的深度性、教学情景体验的感知性、教室电气布局的管理性特征,最终达到提高教学质量和提升学生就业能力的目标。教学设备是相互独立的,彼此之间的关联不是太紧密,通过物联网将各个教学设备连接成一个互联互通的网络,可以提高教学设备的利用率。智慧课程借助于互联网将 PC 机、手机等终端设备连接到专业资源库上,使师生随时随地都可以方便快捷地访问专业资源库。在没有专业人员在场的情况下,通过自动识别学生或教师的身份并自动检测设备的状态,让他们自由出入实验实训场地,可实现实验实训的智慧化。智慧考核既是对教师教学质量的考核,也是对学生学习情况的考核。智慧考核可以公平公正地实现对教师和学生的同时考核。

3.智慧科研模块

高等院校不但要进行教学研究,而且要进行科学研究。智慧校园提供了创新的科研协作平台,通过知识管理,建立组织合理和分类规范的单位级、部门级、个人知识库,实现知识的获取、存储、学习和创新,为学校科研人员提供统一的知识资源服务,为科学研究提供强大的知识平台支撑;同时,加强科研团队协作建设,创新科研协作模式,科学研究不再是个人单打独斗的行为,也不是简单的工作叠加,而是团队合作创新的过程。通过协作平台,为科研协助支持、业务管理等方面创造条件,使科研人员的科研成果得到有效共享与交换,促进科研人员的科研水平及其工作效率的提升。具体而言,在智慧校园中构建智慧科研服务平台,对科研的方向、成果、动态等进行跟踪,对科研工作进行智能管理,将使科学研究活动的开展变得更为快捷、高效和便利。在科研项目申报过程中,教师申报的过程将会更为便捷,科研项目申请表中个人的基础信息将可以实现自动填报,还能主动推荐合作成员,校内团队成员的基础信息也能实现自动添加。在科学研究活动过程中,智慧校园将提供更加智能的知识管理服务、高效的协同支持服务、便利的科研项目事务管理服务等,使得研究工作更加高效、协同。另外,智慧校园还能实现科研成果的智能汇集和跟踪。例如,发表论文被引用、检索的自动跟踪,科研成果的自动汇集和统计等。

智慧科研模块主要包括项目管理、成果管理、政策法规、学术交流四个子模块。项目管理子模块可以借助互联网,实现与上级主管部门及其他相关部门在科技方面的沟通,及时了解政府部门的科技政策与信息,组织横向和各级纵向科研项目的材料申报、统计报表、合同管理、过程检查管理、项目结题验收等,还能实现科研经费的管理与监督功能。成果管理子模块可以实现专利申请、科技成果的鉴定并利用各种渠道发布科技成果,促进科技成果的转化。政策法规子模块负责及时向全校师生发布关于科技的政策法规,并起草学校层面的科技管理制度。学术交流子模块负责组织和管理校内的学术交流活动,促使校内单位或个人加入学术团体的管理工作等。

4.智慧管理模块

智慧校园提供智能高效的校务管理,包括数字迎新、学生管理、教务管理、协同办公、人事管理、资产管理、财务管理、智能环境监测管理等。

(1)数字迎新。数字迎新系统是智慧校园的重要应用。新生入学报到时,通过手机或者电脑等终端,可以便利地了解需要办理的手续。"新生导航"模块会非常智能地引导新生先到哪里办理身份确认,然后到哪里进行缴费,再如何领取开学物品,最后如何办理入宿登记等,每个环节都会安排衔接得有序而有效。这样做节省了时间,实现了入学手续办理的智能高效。同时,学校统一数据平台实时将迎新系统的数据共享给学生处、教务处、财务处、后勤等相关部门,便于学校各部门及时掌握新生报到动态,提前安排好各项准备工作。

(2)协同办公。协同办公可以实现多校区、各级单位工作的快速协同,协同是将时间上分离、空间上分散,但又相互依赖、相互协作的个体之间进行联系的过程。通过设计表单与流程,实现公文网络审批的智能流转、电子签章、多人会签等,既规范了管理流程,又大幅度提高了工作效率。同时,支持移动办公,相关领导和工作人员可以利用手机进行公文批阅,重要的校内新闻、通知、公告、公文等会以手机短信、手机邮件等各种方式推送到手机,实现重要事务的应急响应与及时处理。

(3)智能环境监测管理。学生可以随时随地查询有空闲座位的自习教室、开放的实验室,节省时间,提供学习便利;对于教室的使用情况,系统实时监控,管理人员可以根据系统反馈的情况,远程控制教室资源,如果教室已经处于完全空闲状态,系统就会自动以声光形式反映,管理员可以视情况远程关闭教室电灯、空调、多媒体设备,节能减排,建设绿色校园;同时,教室、机房、宿舍安装了智能传感器系统,实时感应烟雾、温度、湿度等环境情况,并通过网络传输给监控大厅,如有异常,会及时发送手机短信提醒,便于管理人员及时排查隐患。

5.智慧后勤模块

智慧后勤模块分为智慧安防、智慧医疗、智慧楼宇、路灯管理和图书管理五个子模块。智慧安防子模块通过 RFID、GPS、遥感等技术结合日常的视频监控系统,全面感知校园的环境、人和物的变化,然后计算机系统将感知信息进行汇总、处理,适时地进行提示或报警。智慧医疗模块利用物联网技术实现教师和学生的医疗感知,为师生提供智慧体验。智能楼宇模块借助物联网技术实现办公楼和学生宿舍楼的智慧管理,包括水电管理、消防管理等。路灯管理模块旨在管理校园内部的全部路灯,根据时间、天气的不同对路灯进行实时智能管理。图书管理子模块通过物联网技术为每本图书设置 RFID 卡,师生可以方便地进行借阅和归还,并能进行实时查询,可以实现图书馆的无人化、智能化管理,并可以降低在图书馆人员和资金上的投入。

6.智慧门户模块

智慧校园为用户提供一体化信息服务,实现信息的自动流转,而用户感受到的则是简单、便捷与实用。信息门户平台与业务系统进行深度融合,可实现对业务的集成,建设一个智能的、协同的智慧门户。智慧门户不仅是一个综合信息展现中心,而且是一个应用集成中心;智慧门户的内容能够随需而变,能够根据业务需求进行智慧构建;智慧门户能够将各个独立的信息系统联系起来,相互感知,实现智慧关联;智慧门户能够对分散于各系统的相关业务进行集中处理与查询,实现智慧集成;智慧门户能够对业务数据中有价值的信息进行分析、提炼,得到各类数据分析结果与趋势预警信息,以图形、报表、仪表盘等形式实时展现,帮助学校领导和相关管理人员科学决策。

7.智慧消费模块

高校的校内消费是师生日常学习生活的重要组成部分,全体师生都拥有一张含有 RFID 电子标签的校园卡,当师生在身份可识别的地方进行消费时,相应的信息就会被读取出来,可以查询到卡主的相关信息及卡中余额,产生消费后,消费记录会以短信息的方式反馈给卡主。高校校内师生日常消费的场所包括食堂、超市、洗衣房、浴室、理发店、开水房等。

第五章　智慧医疗

医疗是社会生活中的一部分,智慧医疗也是未来社会的重要建设领域,它将秉承智慧建设理念,为民众带来更有效更高质的医疗健康服务。智慧医疗利用先进的信息化技术,改善疾病预防、诊断和研究手段,实现智慧的"健康管理",让医疗生态圈的各个组成部分受益。

第一节　当前我国医疗卫生的发展现状

疾病和死亡或许是人类最大的恐惧,从远古时代开始,人们就一直寻找治疗疾病的方法,对疾病的抗争从未停止。世界各国的发展史,在一定意义上也是人类与疾病抗争、自身健康状况不断改善与进步的历史。疾病给人们身心带来痛苦,疫情传播导致人口锐减,甚至影响国家社稷安危。人类在步入工业化社会之前,社会生产力和生活水平低下,窘迫的生活状况对人的健康造成严重危害,加之医疗卫生条件差,导致人类平均寿命较短。工业化发展使社会生产力迅速提高,改善了人们的生活水平,卫生医疗水平的提升,使人们的健康水平达到前所未有的高度。西方工业化和资产阶级革命以后,社会生产力有了新的发展,形成了现代医疗。随着现代化进程的加快,医疗卫生得到迅速发展,医疗对社会经济发展的作用越来越重要。

20 世纪医学的特点是:一方面向微观发展,如分子生物学;另一方面又向宏观发展。在向宏观发展方面,又可分为两种:一是认识到人本身是一个整体;二是把人与自然环境作为一个和社会环境密切相关的整体来研究。20世纪以来,基础医学成就最突出的是基本理论发展,它有力地推进了临床医学和预防医学。1895年伦琴发现X射线。到20世纪初X射线诊断成为临床医学的重要手段,最初用于观察骨骼状态。1906年借助铋糊检查胃肠运动,以后又改用钡餐、碘油等进行X射线造影。此项重要的诊断技术进展有心电图(1903年)、梅毒血清反应(1906年)、脑血管造影(1927年)、心脏导管术(1929年)和脑电图(1929年)等。20世纪50年代初超声波技术应用于医学。20世纪60年代日本采用光导纤维制成胃镜,现在临床已有多种纤维光学内窥镜得到应用。20世纪70年代后,电子计算机X射线断层成像(CT)以及磁共振成像技术应用后,微小的病灶都能被发现。20世纪后半期,新药物(包括新抗生素)的不断出现,使某些疾病的疗效明显改善,治疗方法也有明显进步。这些药物和疗法使得一些慢性病、难治之症改变了预后,提高了疗效。与此同时,化验诊断方法也得到发展,如敏感的放射免疫测定法可测定微微克水平的体内成分含量。其他各种电子仪器在临床各科室也广为应用,如心肺监视器、γ-照相术、电子计算机等在诊断系统的应用。

现代医学呈现出医学分科专门化、医学发展国际化、医学技术现代化、医学学科间交叉渗透等特点,对我国现代医学产生了重要影响。

一、我国医疗卫生发展概况

我国医疗保障体系以基本医疗保险和城乡医疗救助为主体,同时还包括其他多种形式的补充医疗保险和商业健康保险。除此之外,国家通过提供社会福利和发展慈善事业,建立健全医疗卫生服务设施,扩大医疗保障资金来源,更好地满足了群众医疗保障需求。但与20多年来的经济高速增长形成反差的是,人民收入增加了,生活水平提高了,却有很多老百姓看不起病。医疗资源分配不均、机构重复、医疗效率低下、医疗技术和服务质量参差不齐、药价虚高、医疗腐败等现象十分普遍。

近年来比例逐渐下降的政府卫生投入,使得中国的公共卫生体制出现了令人尴尬的局面。过去 5 年,老百姓年平均收入增长水平远远小于年医疗支出增长水平。占我国人口大多数的农民所处医疗保障状况更差。城乡差距、东西部差距依然存在并且逐年加大,中国医疗卫生体制陷入既不公平又效率低下的怪圈。

长期以来,我国医疗卫生存在着"重医疗,轻预防;重城市,轻农村;重大型医院,轻社区卫生"的倾向。我国看病难的症结,不是大医院不够,而是农村和社区卫生条件较差。农村有病乱求医,乱用药现象十分普遍。病人生病后往往凭经验自行诊断、自行用药。由于用药条件的限制,用药方式多以口服为主,且把抗生素视为能治百病的"万能药"。乱用抗生素不仅给病人造成了经济损失,还延误了治疗。

同时,新型农村合作医疗制度保障水平较低,农民自费就医的比例仍然很高,农村地区缺医少药,有的地方老百姓甚至无法享受到最基本的医疗服务,农村医疗救助人均支出相比城市低很多。农村因病致贫、因病返贫的家庭占贫困人员的很大比重。农村卫生所及乡镇卫生院条件差,医生业务素质低,一次性医疗用品未能普及,消毒设施简陋,造成交叉感染的隐患很大。农村医疗卫生监督方面基本处于不监督或不作为状态。

在我国,80％的卫生资源投入在城市,其中约 80％投入到了大医院。在市场经济条件下,原有分级医疗被打破,医药费用过快增长,政府、社会及群众难以承受。城市卫生机构条块分割,重复建设,结构不合理,浪费与短缺并存,运行成本高。医疗保健费用上涨迅速,政府和社会对卫生的投入比例逐渐减少,而个人的投入比例逐渐加大。人民群众生活水平提高,卫生服务需求增加,然而现实却是医疗服务模式落后,医疗服务从看病难、住院难变为看病贵、看病不方便,而且费时间、费钱、交通不便、缺少人情味,得不到综合、连续的服务。

　　并非所有疾病和健康问题都需要在医院才能解决。卫生经济学家认为城市居民80％的医疗保健需求应该在社区得到解决，只有20％的需求要在社区以上的卫生机构解决。而社区卫生机构诊疗人数虽然越来越多，但病床利用率却逐年下降。到目前为止，全国31个省（自治区、直辖市）全部开展了社区卫生服务的试点工作，全国已设置社区卫生服务中心5000多个，社区卫生服务站近18000个。一个以社区卫生服务中心为主，社区卫生服务站为辅，医疗诊所、医务室为补充的社区卫生服务体系框架正在形成。调查表明，社区卫生服务的主要对象是学龄前儿童和老年人，主要内容是常见病、多发病和慢性病诊疗及儿童计划免疫、健康查体，医疗服务以心血管系统疾病、呼吸系统疾病、运动系统疾病、皮肤和皮下组织疾病为主，保健服务以健康查体和儿童系统保健为主。

二、我国医疗卫生存在的问题

　　医疗卫生问题关乎人民群众的生命安全、身体健康，与国民福利息息相关。目前，医疗与住房、教育问题并称为新时代的"三座大山"。医疗问题随着改革开放后医疗卫生体制的改革而逐渐变得严重起来。我国医疗卫生存在的主要问题是体制问题，主要体现在以下几个方面：

　　（1）改革偏离方向。近年来，我国陆续推出了多项卫生体制改革政策，但对当前存在的问题远未形成根本性触动。因为这些改革的出发点在于减少负担。政府对医疗投入的下降，使医院希望通过增加收益来谋求发展，那么负担就转嫁给了老百姓，这有悖改革的初衷。改革需要解决两个基本问题：一是基本医疗服务的公平性；二是提高医疗服务体系的效率。

　　（2）公共卫生体系薄弱，特别是基层医疗卫生服务体系不完善。受市场化医疗体制改革的影响，"抓大放小"思路流行。一些地方开始将基层公立医疗服务机构或改制为企业，或直接出售给私人,致使初级医疗卫生服务体系失去了应承担的公共卫生服务和基本医疗服务职能。

（3）"以药养医"的政策和药品流通体系导致药价虚高。"以药养医"的政策一方面在一定程度上解决了政府对医疗费用投入不足的问题;另一方面导致医院或医生为了单位或个人私利给病人猛开高价药,使病人不堪重负。然而目前药品流通体系不完善和政府监管力度不够,使医院、医生和药品经销商为了共同的利益相互勾结而导致药价虚高。

（4）管办不分。政府投入使得政府对公有制医院兼具双重身份:一是所有者的身份,二是管制者身份。这就是所谓的"管办不分"。政府对这些卫生服务提供者的人、财、事有一定的控制权,由于管理不善,公立医院的内部管理机制越来越不适应市场环境。

（5）医保医疗救助体系欠缺。在 8 亿人口的农村,大多数人没有医疗保险,医药费的增长速度远远高于收入的增长。城镇下岗人员、退休人员等低收入人群也因医疗覆盖率较低、医疗门诊起付标准等问题难以享受基本医疗服务。只有健全和完善保险医疗救助体系才能为这些人群提供医疗保障。

三、我国医疗卫生完善对策

改革开放以来,我国的经济体制、政治体制、文化体制等方面的改革取得了举世瞩目的成就,有力地促进了国民经济发展和社会进步。但医疗卫生体制的改革却不尽如人意,出现了诸如医疗卫生的公平性下降、卫生投入的宏观效率低下、人民群众"看病难、看病贵"等一系列问题。这些问题如不解决,必然会降低人民群众对党和政府的信任度,不利于经济的发展与和谐社会的建设。解决我国当前医疗问题需从我国医疗卫生体系综合考虑,重点针对体制问题进行优化完善。

(一)强化各级政府在增加医疗卫生投入,提供公共卫生服务与加强医疗卫生监管方面的职责,把握"医改"公平正义的价值取向

政府应强化以下两个方面的职责:

(1)强化政府的筹资和分配责任。改革开放以来,医疗体制出现诸多问题的直接或间接原因就在于政府投入在卫生总费用中的比重持续下降,所以要强化政府的筹资和分配责任。

(2)强化政府对医疗服务体系的干预。这些年来,医疗卫生领域有许多问题,最突出的是医疗服务体系的问题和服务提供方的问题,其重要原因是政府缺乏必要的责任,主要有投入不足和监管不力的责任。

(二)构建完善的公立初级医疗卫生服务体系

在医疗卫生事业发展及医疗服务体系建设中,要想最大限度地提高医疗卫生服务可及性,提高医疗卫生投入效率,最关键的措施之一是要健全初级医疗卫生服务体系,在此基础上再尽可能发展中高级医疗服务体系。从发达国家的经验看,虽然大都已构建起了完善的、多层次的医疗服务体系,但初级医疗卫生服务体系仍有着不可动摇的基础性地位。从我国国情看,受经济发展水平限制,我国在医疗服务体系建设的筹资能力方面存在明显不足,还很难同步建立非常完善的多层次医疗服务体系。在保障目标上,也无法做到满足所有社会成员的所有医疗服务需求,只能是首先满足所有社会成员的基本医疗服务需求,并在此基础上满足更多社会成员的更多医疗需求。因此,强化初级医疗卫生服务体系建设有着更为重要的意义。

(三)改革药品体系,确立药品现代流通目标模式,降低药品价格

中国药品体系改革的最终目标不是单纯降低价格,而是合理设计药品现代流通目标模式,保障药品流通全过程的安全性和合

理性,最大限度地利用药品造福人民群众。

1.实行医药分离

这是医疗卫生体制改革的核心和难点。医药分离是大多数国家的选择。实践证明其对发展和提高医疗技术、保证合理用药行之有效。尽快实行医药分离,从源头上切断医院、医生与药品经营之间的经济利益联系,保证医生因病施治、对症开药。这是医药卫生体制改革的必然选择。我国可以分三步推进这项工作:第一步,实行医药分开核算、分别管理,"收支两条线";第二步,将医院药房分离出来,成为独立的法人经营机构,隶属关系仍由医院代管;第三步,彻底实行医药分业管理。

2.确立药品现代流通目标模式,有序推进药品流通体制改革,合理设计我国药品现代流通目标模式和分步实施方案

根据药品的特殊性,借鉴国外药品流通的经验,我国药品现代流通的目标模式应该是:在确保药品流通全过程安全性的前提下,提高药品市场的集中度和透明度,推进药品分销企业的规模化、信息化、标准化和现代化,加快对药品流通全过程的流程再造,构建信息化引领的现代药品物流体系,大力发展医药电子商务、连锁经营、物流配送等现代营销方式,建立高效的药品市场监管体制和市场化、专业化服务的行业中介组织,促进他律和自律的有效结合,实现药品流通的高效率、高效益、低成本。

(四)实行管办分离的医疗体制改革

政府医疗卫生行政管理部门应从"办医院"真正转向"管医院",不能直接经营管理医疗单位,不当"运动员",只当"裁判员"。必须解决政府职能错位、缺位和不到位的问题。政府应作为维护医疗卫生市场秩序的监管人、最广大群众利益的维护人、公共卫生资源合理配置的调节人,在保障社会公平性方面提供服务和管理。目前,政府医疗卫生行政管理部门应先考虑以下几件事:

(1)抓紧研究确定营利性医院与非营利性医院的政策界限,

集中国家财政拨款,办好非营利性医院。对准备转型为营利性医院的,要抓紧研究医院产权制度改革方案,特别是对国家投资形成的有形资产和无形资产的评估作价方案,防止一哄而上,使大量国有资产流失。

(2)打破垄断,引入竞争机制。在鼓励外资和民间资本进入医疗服务市场的同时,抓紧研究医疗服务市场的准入制度、医疗质量和医疗费用的监测制度、医疗执业风险保险制度等,进行有效监管。医院的市场化改革决不能失控,决不能让不具备行医资格的人进入这个治病救人的领域。

(3)抓紧研究医药分离分步推进的方案。当前特别要落实医疗机构药品收支两条线管理,有条件的医院门诊药房可探索成为药品零售企业的路径,为实现医药分离管理做些准备。

(4)整合全社会卫生资源,优化卫生资源配置。抓紧研究解决我国医疗卫生资源配置的公平性问题,扭转重城市、轻农村,重大医院、轻社区医院,重参加医疗保险的人群、轻扶助弱势人群的状况。

(5)高度重视艾滋病、性病、血吸虫病、克山病等疾病预防教育和治疗,防止因疾病蔓延造成重大社会问题。

(五)建立统一的社会医疗保障体系

医疗保障体系是社会保障体系的重要组成部分,是维护社会稳定的减压器。因此,要把建立起覆盖全体国民的城乡一体化医疗保障制度作为新型医疗卫生体制改革的具体目标。减轻企业退休人员医疗负担,适当降低企业退休人员基本医疗保险门诊起付标准,并尽快出台企业退休人员门诊医疗费社会统筹实施办法,从制度上保障企业退休人员的门诊基本医疗。

在现行城镇基本医疗保障制度的基础上,对部分困难人员实行医疗补助或救助。探索建立城乡一体化的医疗救助体系,从居民向农民逐步推进,保障其享受大病重症医疗救助的权利,切实解决欠发达地区农民、困难户、城镇"三证"持有者、下岗失业人员的"看病难"问题。按照"一套班子、两块牌子、两项任务"的运行模式,依托现有非营利性医院设立1~2家慈善医院,对城乡低保户、特困户和困难户等提供基本医疗服务。慈善医院在挂号、诊疗、护理、住院等方面为基本医疗救助对象实行优惠减免措施。建设新型农村合作医疗制度,坚持"政府引导、自愿参加、多方筹资、保障适度、广泛覆盖"的原则,采取"低水平、广覆盖、个人为主、政府为辅"的形式,建立起以区、县为单位,统一筹资、统一管理的农村大病统筹保障型新型合作医疗制度。

第二节　智慧医疗的含义和特点

智慧医疗是近年来兴起的专有医疗名词,其核心主旨是通过打造个人健康档案,利用最先进的信息技术和传感技术,实现患者与医务人员、医疗机构、医疗设备之间的互动,逐步达到医疗资源、医疗手段和过程,以及医疗用品的信息化和智能化综合管制。

一、智慧医疗的含义

近年来,智慧医疗得到了来自患者、医生、应用开发商、网络服务商和研究人员的广泛关注,虽然目前还处于起步阶段,但是随着人口老龄化的加剧和政策的开放,智慧医疗已经处于爆发前夜。人口老龄化加剧,收入提高带来健康管理意识增强,原本医疗资源供不应求、供不对求、信息不透明,又加之运作效率低下的传统医疗服务体系已经无法满足持续增长、不断多样化的国民医疗服务需求。这些问题的存在,给互联网医疗的发展创造了良好的机遇。

随着大数据、云计算、物联网等多领域技术与移动互联网的跨界融合,新兴技术与新商业模式快速渗透到医疗的各个细分领域,从预防、诊断、治疗、购药都将全面开启一个智能化的时代。

中国智慧医疗起步较晚,仅有 20 年的历史,最初是通过远程手段进行会诊咨询。目前国务院办公厅正式发布《全国医疗卫生服务体系规划纲要(2015—2020 年)》(国发办〔2015〕14 号),简称《纲要》,《纲要》提出,到 2020 年,实现全员人口信息、电子健康档案和电子病历三大数据库基本覆盖全国人口,并实现信息的动态更新,全面建成互联互通的国家、省、市、县四级人口健康信息平台,并积极推动移动互联网、远程医疗服务等发展。近年来,在市场规模和市场结构方面发展迅速,商业模式将不断清晰完善,细分领域龙头初现。

目前,拥有技术、医师或患者资源的相关方都在积极布局这一市场。例如,腾讯从医疗社区平台"丁香园"切入,希望打造综合性的医疗平台,它以偏重医生资源而著称。一些传统的软件企业也在布局,如金蝶集团旗下的金蝶医疗、东软集团等。金蝶医疗通过供应商的 ERP 系统连接医院 HRP 系统,再连接医院移动服务平台,使药品供应商发出的每一粒药都可以跟踪到具体患者,并获取服药效果评估。

(一)智慧医疗的内涵

智慧医疗首次亮相是在 2009 年 1 月 28 日美国工商业领袖会议上。席间,IBM 首席执行官彭胜明向时任总统奥巴马抛出了"智慧地球"的概念。这一概念是指利用物联网技术建立相关物体之间的特殊联系,利用计算机将其信息予以整合,以实现现实世界与物理世界的融合。IBM 还针对智慧地球在中国的应用,提出了包括智慧电力、智慧医疗、智慧城市、智慧交通、智慧供应链和智慧银行在内的六大推广领域。

智慧医疗主要是通过新一代的物联网及云计算等新型的信息技术,通过感知化、智能化等方式将医疗卫生建设中有关的物理、信息及商业基础等相关事物进行自我完善、自行管理的过程。在学术研究中,智慧医疗并没有统一定义,而是随着新技术的不断发展,将新兴医疗和保健手段纳入到智慧医疗的范围,主要包括以下三个组成部分:①信息化的医疗提供方,即医生和专家利用互联网或多媒体进行远程监护和治疗的过程,以及这一过程中所涉及的各层级医院系统;②基于安卓和IOS等移动终端系统的医疗健康类App应用;③为患者和医疗提供方相互联系提供支持的信息技术。

智慧医疗的内涵是多方面的,对于不同的受众有着不同的含义:

(1)对于公众,首先,智慧医疗意味着更便捷可及的医疗服务,使公众需要医疗服务时,可以随时随地通过信息技术的辅助,便捷地获取一个公平、安全的医疗服务环境;其次,智慧医疗还意味着更便宜的医疗服务,通过诊疗信息在各个医疗机构间实现互联互通,提高医院医疗设备的使用效率,降低病人的看病成本,同时提高就诊效率;最后,智慧医疗还将带来更全面的健康服务,为公众建立涵盖个人全面信息的健康档案,通过信息技术和传感技术,使公众随时掌控自己的健康情况,进行主动的疾病预防与及时有效的疾病干预,减少公众的患病率。

(2)对于医疗机构,智慧医疗将解决医疗资源配置不合理、缺乏医疗服务分级引导等问题,使不同医疗机构间的医疗资源得到合理分配;智慧医疗还将有助于提高医疗服务质量,保障医疗服务安全,通过建立患者健康数据库、用药知识库并结合移动终端和物联网技术,帮助医务人员确认患者既往病史及用药情况,大大增加用药准确度和安全性;除此之外,智慧医疗基于物联网技术高度灵活和信息采集自动化的特性,将帮助医疗机构更高效地进行管理工作。

(3)对于企业,智慧医疗催发了医疗服务平台化的盈利新模式,通过建立自诊问诊平台和医联信息平台,向患者提供便捷服务的同时,也为医疗机构和医药企业带来大量潜在客户;智慧医疗与可穿戴设备结合,将助力医疗垂直细化企业(如专注于血压、血糖)提高用户黏度,进一步扩大市场占有率;借助互联网的发达和医药电商政策红利的推动,企业可大力拓展互联网药品的销售渠道,减少流通成本,增加盈利空间。

(4)从卫生主管部门来看,信息技术和大数据的收集,可用来构建更为科学的分级诊疗模式。数据的运用可以帮助卫生部门进行疫情监测、疾病防控、临床研究、医疗资源调度、健康远程监控,乃至为地方的医疗政策制定提供依据。目前,国内部分城市也提出了智慧医疗的建设理念和方案,其中,上海市制定了覆盖医疗保障、公共卫生医疗服务和药品保障的智慧医疗蓝图;北京市以智慧医疗建设为契机,建立了覆盖急救指挥中心急救车辆、医护人员以及接诊医院的急救医疗信息协同平台;武汉市计划未来5~10年,建成智慧卫生信息系统;苏州推出了手机挂号系统,市民既可通过手机登录指定网站在市区部分大型医院付费挂号,又可实时监控医院的挂号情况;云南省与 IBM 共同打造了医疗信息化资源整合平台。

可穿戴技术、物联网技术、云计算技术、大数据技术等新一代信息技术的快速发展,为智慧医疗提供了强大的技术支撑。当前智慧医疗引领着医疗服务行业的创新。

1. 可穿戴技术

可穿戴技术是 20 世纪 60 年代美国麻省理工学院媒体实验室提出的创新技术,主要探索和创造能直接穿在身上,或整合进用户衣服或配件的设备的科学技术。其最核心的理念是让人们能够更便捷地使用智能化的设备,而感觉不到它的特殊存在。可穿戴健康设备是把可穿戴技术应用于健康领域,对用于身体情况的检测、运动数据的统计及健康状况的改善设备的统称。

2. 物联网技术

利用物联网技术,对医院内各种对象的感知、定位和控制,通过对医院工作人员、病人、车辆、医疗器械、基础设施等资源进行智能化改造,对医院内需要感知的对象加以标识,进而通过各种信息识别设备进行识别,并反馈至信息处理中心,对信息进行综合分析,及时处理,提升医疗行业管理的精细化。

3.云计算技术

据相关数据显示,随着影像归档和通信系统(PACS)的不断普及,医院的影像数据呈几何级数增长,而在医疗行业,仅 PACS 的数据就占到医院数据总量的 70%～80%,这就对存储提出了更高的要求。目前 50% 以上的医院集中存储容量在 5 T 以上,其中近 30% 的在 5～10 T,对这些数据的存储、管理成为医疗信息化的一个重点。云计算技术可将存储资源、服务器、网络资源等虚拟化,按需提供资源,且具有安全、方便、高效率、低成本等优势,为存储不断增长的影像数据提供了新思路。

4.大数据技术

随着我国医疗信息化建设的不断推进,以及人们对个人健康管理的关注,医疗数据量将会持续增长。麦肯锡预测,到 2020 年,医疗数据将急剧增长到 35 ZB,相当于 2009 年数据量的 44 倍。如何充分挖掘这些医疗大数据,使其产生价值,为患者、医院、医生等服务是智慧医疗需要关注的重点,未来大数据分析可以在疾病监控、辅助决策、健康管理、医保监管等领域发挥重要作用。例如,通过大数据辅助决策可以实现医疗人员为患者提供个性化和区域化治疗,模仿干预措施,预防流行性疾病,改善和监督医护工作者的医疗护理等。

(二)智慧医疗的目标

近几年来,云计算、大数据、物联网、移动互联等技术的发展,为卫生信息化水平全面提升提供了良好的发展机遇与技术保障,同时也引出了智慧医疗的概念——以人的全生命周期健康管理与医疗服务为核心,以信息技术为支撑,实现跨部门医疗信息共享、跨平台医疗业务协同,在准确、全面采集人群健康信息、公共卫生信息的基础上,充分利用卫生资源,实现高效安全的医疗卫生服务。这种健康理念及医疗体系具有广阔的前景。

我国智慧医疗的具体目标应该是以下几方面：

(1)以移动通信为支撑,以智能手机为载体,推动移动健康技术应用,普及手机挂号、检验检查结果查询、用药提醒、康复指导,为居民提供方便、快捷的医疗服务,实现扁平化诊疗模式。

(2)实现卫生资源的合理利用及服务对象的精确管理。健康人能利用智能手机获得移动健康服务,管理自己的健康,预防疾病;推进物联网及移动技术应用,实现与医疗设备的互联,使病人能将检测结果实时发给自己的医生,减轻医患双方的服务成本及负担;医生能将所管辖病人的病历存入移动电脑或手机,实时关注病人的治疗方案和结果。

(3)利用云计算和移动医疗减少庞大的慢性病医疗支出。让被管理的慢性病人(如糖尿病人、高血压患者等)通过智能终端进行自我管理,大幅度节约医疗成本。

(4)实现诊疗模式创新。应用物联网、无线网,实现通过便携式移动设备为边远地区病人检测,并提供医生远程诊断(如研制开发手机听诊器、可以连接在手机上的移动超声设备等);对城市社区病人实施社区医疗中心给予指导、病人在家自我检测、医生远程诊断的就近就医模式,大幅度提升医疗服务效率,方便医生工作和病人就诊,减少交叉感染,同时大幅度降低交通等出行成本,也有利于环境保护。

(5)围绕实现居民全生命周期的健康管理,发展健康服务业,提供健康指导、电子病历、医患交流等个性服务,疾病控制与预防、人群保健、环境监测等公共服务,医疗相关知识、技能、产品等关联服务。

(6)实现健康服务延伸。网上医生浏览与预约;网上缴费,透明消费,控制医疗费用增长;对药品功能及不良反应进行监测等。

(7)促进医疗服务的精准化。在医院信息化的基础上,实现专科医疗服务的精细化、智能化。包含内、外、妇、儿、老年健康等专科健康业发展,远程医疗、移动医疗、健康服务链等医院服务功能的优化与拓展。

（8）提供高度共享的区域健康服务,扩大医疗服务的可及性。以医院信息化辐射,全面提升高端优质卫生人力资源的利用率。

（9）以智慧医疗加强医疗服务的针对性,使医疗资源得到合理准确使用。急病患者得到及时治疗;慢病患者得到全面指导。

智慧医疗将为患者、居民、社会带来诸多好处,提升社会福利,概括如下:

（1）智慧医疗将推动医疗和养老领域的公共服务均等化,有利于平衡不同区域间医疗资源分布不均的现状,并提升城镇化医疗公共服务的供给质量。为了解决看病难的症结,智慧医疗可以确保农村和地方社区医院能与中心医院链接,从而实时听取专家建议、转诊和培训,突破城市与乡镇、社区与大医院之间的观念限制,全面地为所有人提供更高质量和惠民的医疗服务。智慧医疗作为一项蓬勃发展的产业,也会引导人口向产业链所在城市圈聚集,引导人口科学合理分布。

（2）智慧医疗有利于防控慢性病,从而降低城镇化医疗支出水平。慢性病已经成为中国的头号健康威胁,在每年约 1030 万各种因素导致的死亡中,慢性病所占比例超过 80％。此外,慢性病在疾病负担中所占比重为 68.6％。经测算,2010—2040 年,如果每年能将心血管疾病死亡率降低 1％,其产生的经济价值相当于 2010 年国内经济生产总值的 68％或多达 10.7 万亿美金(按购买力平价计)。相反,如果不能有效应对慢性病,这些疾病势必将加剧可以预见的人口老龄化、劳动力人口降低所造成的社会影响。而且,健康劳动力人口相对于患病的被扶养人群的比例降低,将增加经济发展减速、社会不稳定的风险。

（3）智慧医疗系统能有效提升医疗机构的运营效率,对解决看病难、看病贵有促进作用,并且,其自身的市场潜力也是巨大的。目前医疗服务的现状、医院内外以及医患关系都将发生新的变化,医疗服务将会更加弹性与开放。例如,电子病历与疾病信息平台的建立,都将有助医院无纸化,并进一步打通病患信息的共享机制。医疗研究人员通过系统获得大量准确和珍贵的医疗信息,获得大量高质量的有效案例,不但可以及时对大规模的疾病爆发做出准确的预测,更能够推进国家医疗行业的发展;医院管理系统在智慧化后,可以使管理变得更有效;药物供应商也能因为实现及时和准确的药品配送而节省大量成本;保险公司更可因为对病人情况的有效跟踪而提升服务质量。

（4）智慧的医疗将社区服务中心、疾病防控专家、二三级医院、基本药物配送物流以及医保报销部门之间的协作成为可能,还可以及早预防重大疾病的发生,并实时地实施快速和有效的响应。智慧医疗还具有普及性的特征。当整个系统都可以得到革命性的转型,高效、高质量和可负担的智慧医疗,将可以解决现在城乡医疗资源不平衡以及大医院的拥挤情况;政府也可以付出更少的成本去提高对医疗行业的监督,从而提高国民的生活质量和整个社会的和谐氛围。

（5）智慧医疗还可以激发创新,站在医疗最前线的研究人员或医疗专家,可以针对某些病例或者某种病症进行专题研究。智慧医疗的一体化信息平台可以为他们提供数据支持和分析技术,推进医疗技术和临床研究,激发更多医疗领域内的创新发展。

二、智慧医疗的特点

（一）医疗理念转变

"互联网＋"时代下的智慧医疗不是以技术为核心,而是以人为本,以对人的关怀为核心。业内还产生了以医生为中心还是以患者为中心的争论,因医疗服务的特殊性,不能简单地以某一方为中心。以人为本的智慧医疗主要服务三类人:一是就医者,包括患者及其亲友,能得到更高质量且更令人满意的医疗服务,能提供覆盖全流程且多终端的医患互动,能应用数据洞察改进医疗服务质量、临床成果与服务,能提供个性化的医疗服务;二是健康人群,通过健康数据采集主动进行防病和治病,也就是治未病,促进健康管理,通过平台协同整个医疗服务运作,提供集成、个性化的服务体验;三是医者,提供移动医疗系统,提供高效灵活的运营,既支持成本节约又能提高医疗收益,支持管理创新,实现业务绩效管理等。

智慧医疗能够提供全方位、智能化的医疗服务,让治疗更加有效,让患者更加舒适。比如,医院全方位覆盖智慧医疗系统,实现医疗护理、医疗影像、患者监护、医疗信息的互联互通。不论病人身在何处,当地被授权的医生都可以通过一体化的系统浏览病人的就诊历史、过去的诊疗记录以及保险细节等状况,使病人在任何地方都可以得到一致的护理服务。

智慧医疗体系的实现可以铲除信息孤岛,从而记录、整合和共享医疗信息和资源,实现互操作和整合医疗服务,可以在医疗服务、社区卫生、医疗支付等机构之间交换信息和协同工作。在医生办公室,医生利用智慧医疗设备随时可以关注患者的健康状况和病情,以便做出及时的反馈,绝不耽误患者的黄金治疗时间。在患者病房,智慧医疗设备实现对患者的体征状况 24 小时不间断监测,及时将患者的状况反馈给值班医生和护士。同时,病房内也将配备整套医疗治疗设备,可以实现在病房对病人的全方位治疗。

建设智慧医疗,还需建立医养护一体化居民健康服务综合信息网,完善检查预约、住院预约、出院后社区康复护理、家庭病床管理等功能,实现签约医生和签约家庭的双向互动。探索实施跨省预约诊疗服务项目,探索开展智慧医疗网上服务试点,探索采集各种无线健康监测设备的数据进入居民健康档案,使智慧医疗逐步进入家庭,让智慧医疗不仅仅助力传统医院发展成为智能新型综合医院,也将助力智能医疗系统走入家庭,建成让患者不出门即可就医的便捷医疗服务系统。

借助互联网技术、通信技术、无线传输技术、信息采集技术等相关科技的迅速发展,健康管理事业也逐渐走向智能化。智能健康管理坚持预防为主、促进健康和防治疾病相结合的理念,以移动医疗数字信息化技术管理为手段,推进信息科技和医疗技术相结合,研制人体穿戴式多参量医学传感终端等医疗与健康管理设备,建设综合医疗服务平台,为居民提供实时的健康管理服务,为医护人员提供在线的医疗服务平台,为卫生管理者提供健康档案实时的动态数据,形成自我健康管理及健康监测、健康风险评估和远程医疗协助有机结合的循环系统,实现对个体健康的全程监控,显著提高重大疾病诊断和防治能力,提高医疗服务效率、质量、可及性,降低医疗成本与风险,为全民健康水平的提高提供强有力的科技支撑。

智慧医疗将带来更全面的健康服务,为公众建立涵盖个人全面信息的健康档案,通过信息技术和传感技术使公众随时掌控自己的健康情况,进行主动的疾病预防与及时有效的疾病干预,减少公众的患病率。

(二)业务模式创新

智慧医疗推动了就医模式的创新,今后的应用范围将越来越宽广。通过在服务成本、服务质量和服务可及性这三方面的优势,智慧医疗将会更多地应用在今后的医疗服务机构当中。智慧医疗还可以让整个医疗生态圈的每一个群体受益。数字化对象,实现互联互通和智能的医疗信息化系统,使整个医疗体系联系在一起,病人、医生、研究人员、医院管理系统、药物供应商、保险公司等都可以从中受益。

智慧医疗将可以解决现在城乡医疗资源不平衡以及大医院的拥挤情况,政府也可以付出更少的成本去提高对医疗行业的监督力度。因此,智慧医疗领域还会不断激发企业的创新特性,推动安防行业加大技术研发力度,带动安防行业发展。它将为优化医疗实践成果、创新医疗服务模式、扩大业务市场以及提供高质量的个人医疗服务体验作出贡献。

随着远程医疗的开闸,处方药流出、医药分家的趋势渐渐隐现。从前,远程医疗只是在医疗机构内部的(B2B 模式),自从 2014 年 8 月国家卫生计生委发布了远程医疗的意见后,就出现了 B2C 的模式,医疗机构可以直接面对患者。广东省第二人民医院是全国第一家获得网络医院批准的医院,已经与金康药房、海王星辰、大参林等 20 多家连锁药店签订了合作协议,未来这些终端将是"网络医院"提供远程医疗。这个项目有三方合作,除了医院、药店终端外,还包括了提供技术支持的深圳友德医科技有限公司。

在药店中,患者通过电脑视频和耳机与在线的医生进行对话,随时拍照,可以上传到系统,供医生查看;同时,体温、血压、血糖等数据也可通过仪器上传,供医生断症。若开具了处方,纸质处方会从隔壁的打印机打印出来,上面有医生签名、患者病情等信息,通过这张处方,患者可以直接在药房买到处方药。在目前的科技下,患者体验的难题仍有很大改进空间。同时,借助互联网实现有限医疗资源的跨时空配置,提高患者和医生之间的沟通能力,突破传统的现场服务模式,缓解医疗资源匮乏的现状。

随着互联网、移动互联网的快速发展,出现了医疗 O2O 等新模式。医疗 O2O 指将线下的医疗、医药服务体系与线上互联网、移动互联网平台相结合,以提升整体医疗、医药服务的高效性、便捷性和及时性的诊断模式。医疗 O2O 模式可以优化就诊流程,提升就医体验,同时满足各方需求。对于患者,以患者付费模式为主,提高患者就医体验。对于医生,有利于打造医生个人品牌,提高个人收入。

目前,医疗 O2O 中 C 端用户现阶段付费意识较弱,用户教育的逐步深入及用户数量的增多,将推动 C 端付费规模增长。针对 C 端用户,医疗服务 O2O 主要连接医生与患者两端,满足医患沟通等需求。B 端用户付费意识较强,付费项目较多,增长空间较大。针对 B 端用户,医疗服务 O2O 主要连接医院与患者两端,满足患者预约挂号等需求,解决就医流程烦琐等问题。

针对药企,可以获得广告服务,数据对接服务;针对医药电商,可以获得广告服务,导流服务,线上咨询服务;针对保险公司,可以获得广告服务、线上咨询服务、健康管理服务、数据对接服务;针对企业用户,可以获得线上医疗咨询服务、员工健康管理服务、线下医疗机构对接服务。

我国的医疗O2O用户中,男女比例将逐渐持平,女性51.0%,男性49.0%。80后是主力,占比77%,40岁以上人群增长潜力大,占比15.6%,大专以上学历人群达到50.3%。中低收入(少于5000元/月)群体占比80.3%。省会城市、地级市、乡镇农村医疗O2O用户集中度高,二、三线城市用户占比达到51.8%。

五大模式构筑了我国的医疗O2O服务体系,目前我国的医疗O2O模式中,导诊模式下的医疗O2O用户活跃度较高。

1.导诊模式

线上咨询、挂号、支付等辅助线下就医环节,指通过互联网和移动互联网,向用户提供智能分诊、预约挂号、就诊档案管理、在线咨询、查阅报告等一站式服务模式,通常以预约挂号、问诊咨询为主要服务内容。导诊模式有效满足了患者、医生、医院间的高效对接需求,提升患者就医体验,简化医生诊疗流程,提高医院接诊效率。导诊模式中线上企业打通线下就诊环节,建立信任持久稳定的医患关系,利于病情的跟踪治疗。

商业模式多以用户付费为主,针对性地满足患者就医需求,减少患者候诊时间。比如"春雨医生",线上医生和用户积累打造核心竞争力,线下医疗布局完善就医体验。"春雨医生"成立于2011年7月,以轻问诊模式搭建医患沟通平台,并逐步与医药电商平台、线下医院(诊所)合作,探索商业变现路径。其线上服务通过移动App向用户提供免费的医师咨询和解疑服务,搭建医患交流平台。线下服务则以合作模式与线下医疗机构结合,共同提供挂号服务和专家会诊服务。线上线下结合建立"线上用户积累＋线下诊中服务＋线上诊后服务"模式。

2.送药模式

线上下单，线下即日送达，满足患者及时性购药需求，医生咨询服务提升用户体验。送药模式是指线下药店或专业医药配送团队通过互联网和移动互联网为用户提供的线上下单，线下送药上门的时效性强的医药O2O配送服务。厂商常常通过提供医生（药剂师）线上咨询服务等方式提高用户黏性和体验。消费者对医药的依赖性强、政策放开带来医药O2O市场利好、有效满足消费者对药品的及时性需求，都有利于该模式发展。

但同时，政策风险较大、上游资源限制过大、区域扩张较困难、用户体验要求较高、医保报销受限较大等因素，则对该模式发展有一定的阻碍作用。比如壹药网，平台优势结合上门送药服务，打造优质购药体验。

壹药网于2010年上线，以经营B2C网上药店为主要业务，并进驻天猫等第三方平台；线上药店结合线下实体药房共同组成药品、医疗器械等医药健康品类的销售网络。其线上服务，通过官网等多渠道向用户提供医药产品的线上选购服务；通过移动App"易诊"提供的咨询服务为购药业务导流，提升用户体验。线下服务则与线下自营药店、康林仁和医疗护理用品店结合，为用户提供切实消费体验，消除消费者网购风险。通过线上医药产品选购将用户导流到线下实体店，结合送货上门等服务，推动线上线下服务有机融合。

3.医护模式

线上预约医生、线下护士上门服务，医疗服务市场细分化发展，特殊用户需求催生医护上门模式。医护模式是指通过互联网和移动互联网，向就医不便人群提供医护人员上门护理、体征指标检测、药品注射、康复治疗等服务的O2O模式。医护上门模式有效连接用户和医护人员的服务需求和服务供给，既解决用户到院就医困难问题，也为医护人员提供额外收入和患者来源。比如

"点点医",瞄准特殊人群医疗服务市场,精准定位推动医患强关系建立。"点点医"自 2014 年 8 月上线,主要针对外出就医不便人群提供医护上门的 O2O 服务,主要服务项目为打针、输液、健康护理、催乳、医疗按摩及院内就医陪诊等服务。

线上服务通过移动 App 向用户展示医护人员信息及服务市场价格区间,供用户精准查找;病友圈社交功能为用户提供交流平台。线下服务则通过医护人员上门为用户提供注射、针灸等服务。搭建用户线上下单,医护人员上门服务平台,"服务前用户付费—服务后用户评价—平台转账"模式有效保障医患双方利益和服务质量。

4.智慧医院

线下医院借助线上平台开展互联网＋医疗服务,加快医疗机构信息化进程,多入口、多场景构建就医新体验。智慧医院模式是指线下医院通过移动互联网(医院移动 App/微信),方便用户预约挂号、缴费、报告查收等服务,以加快医院信息化进程、优化用户就医体验。智慧医院模式有利于提高医院诊疗效率、间接增加医疗资源供给;节约患者排队挂号和缴费的等待时间、提高患者依从性,间接减少就医需求。比如微信,依托庞大用户群体资源,构建"公众号＋微信支付"智慧医疗体系。

微信自 2014 年与线下医院合作启动"智慧医院"项目,截至 2015 年 1 月,已覆盖北上广等多个省市;全流程合作医院近百家,其中接入微信挂号的约 1200 家,服务约 300 万名患者。线上服务通过微信公众号向用户提供线下医院预约挂号等服务,简化用户就医流程。线下服务与线下医院信息系统对接,有效解决就医流程烦琐、信息传输滞后性问题。简化就医流程和医保支付对接服务,打造优质用户体验,结合微信庞大用户群将推动用户黏性极大提高。

5.医疗旅游

线上预订外地和海外就医＋旅游服务,医疗、旅游资源结合催生医疗旅游服务市场,O2O 模式提供沟通通道。医疗旅游模式是指线下医疗、养生、保健机构通过互联网和移动互联网,为用户提供线上医疗资源和旅游资源的搜索、订购,并对接用户线下医疗护理、疾病与健康、康复与休养等主题的旅游服务。

医疗旅游 O2O 模式主要以线下服务为主,线下医疗机构所具备的特色医疗资源、旅游资源是吸引用户的核心资源。比如虹桥医游网,医疗资源结合旅游需求,中介服务轻模式打造医疗旅游服务新通路。虹桥医游网是以提供医疗旅行、专家诊疗等信息服务并对接第三方服务机构为主营业务。线上服务通过官网、移动 App、微信二维码向用户提供第三方医疗服务机构的信息搜索、咨询等服务。线下服务,向用户提供翻译陪同、接机、住院安排、就地旅游等增值服务。线上线下结合,通过线上咨询服务明确用户需求并对接相应服务机构,促使用户获得优质、满意的服务体验。

第三节　智慧医疗的构建

智慧医疗是信息惠民的重要举措,是智慧医疗产业发展的重要契机。如何在现有医疗信息化和医疗健康服务发展状况下,构建高效的智慧医疗体系,本节从智慧医疗总体框架、建设内容、产业链、评价体系等方面进行回答。

一、总体框架

智慧医疗是医疗信息化逐步深入、人性化发展的一种医疗健康服务形态,是智慧城市建设的重点内容之一。它主要采用云计算、物联网、大数据为代表的新一代信息技术以及生物技术、纳米技术,实时感知人体生理状态以及医疗健康设备状态,为医疗健康管理和服务提供支撑。医疗改革的推进和信息技术的大量应用,推动着我国医疗体系朝着共享互联的智慧医疗体系发展。该体系覆盖了各大医院、城乡社区、公共卫生,是一个比较完整的城市医疗体系,为解决"看病难""看病贵"的问题提供了一条"小病进社区、大病进医院、康复回社区"的新道路,也为公共卫生的预防和监管提供了有效途径。

智慧医疗建设的总体框架遵循智慧城市技术体系,并注重与智慧城市其他领域的对接。最顶层是用户,有提供服务对象、服务者、管理决策者以及其他相关用户。服务对象包括不同疾病程度的病人和不同健康程度的健康人。服务者主要是医生、护士、护理人等直接向服务对象提供医疗健康服务的人。管理决策者主要是卫生部门、药品监督部门、医院的管理决策者。其他相关用户主要是社区、养老机构、房地产公司等提供医疗健康服务的机构。不同的访问渠道将以用户为中心,统一在一起,实现多渠道统一接入。最底层是医疗卫生所在的外围自然环境,是整个智慧医疗总体框架的数据采集源,主要包括人、医院、卫生站、救护车、健康流动车、社区、家庭、养老院。

智慧医疗的总体框架的核心部分从城市医疗健康信息化整体建设角度出发,由四个层次要素和支撑体系组成。四个层次要素从下往上依次是物联感知层、网络通信层、数据及服务支撑层、智慧应用层。支撑体系主要包括标准规范体系、安全保障体系、建设管理体系。横向层次要素对其下层具有依赖关系,纵向支撑体系对四个横向层次要素具有约束关系。

(一)物联感知层

智慧医疗的物联感知层主要提供对医疗健康环境的智能感知能力,以物联网技术为核心,辅以生物技术、纳米技术,通过传感器、芯片、RFID、摄像头等手段实现对城市范围内人、医院、卫生站、救护车、健康流动车、社区、家庭、养老院等医疗健康相关方面的识别、信息采集、服务、监测和控制。

(二)网络通信层

智慧医疗的网络通信主要存在于智慧城市网络通信中。智慧城市网络通信层主要目标是建设普适、共享、便捷、高速的网络通信基础设施,为城市级信息的流动、共享和共用提供基础,重点是互联网、电信网、广播电视网以及三网融合(比如移动互联网),从而建设大容量、高宽带、高可靠的光纤网络和全程覆盖的无线宽带网络。智慧医疗的网络通信层重点建设医疗健康卫生专网。

(三)数据及服务支撑层

数据和信息已被认为是城市物质、智力之外的第三类重要的战略性资源,数据融合和共享是支撑城市更加"智慧"的关键。因此,智慧医疗的数据及服务支撑层是智慧医疗建设的核心内容。该层主要采用 SOA、云计算、大数据等技术,实现城市级医疗健康数据信息资源的聚合、共享、共用,与智慧城市其他领域数据资源互联互通,为各类智慧医疗应用提供支撑。

(四)智慧应用层

智慧应用层主要是指在物联网感知层、网络通信层、数据及服务支撑层基础上建立的各种医疗健康智慧应用。该层以满足具体领域的业务需求为目标,采用智能分析、辅助统计、预测、仿真等手段,对及时掌握的各类感知信息进行综合加工,构建各类医疗健康应用体系。该体系以电子病历和健康档案为基础,打破医院之间的信息壁垒,实现医疗信息的共享,充分调动各级医疗资源,平衡城乡医疗资源,进而实现各类医疗健康应用,比如智慧医院、远程医疗、智慧健康、智慧养老、智慧社区、智慧卫生应急。这些智慧应用为医疗健康服务对象、服务者、管理决策者等提供了便捷、联动、高效的整体信息化应用和服务,同时带动了城市医疗健康产业体系的发展。

(五)支撑体系

支撑体系涉及智慧医疗总体框架核心部分,并对其运行、建设、管理进行必要规定和指导,保障智慧医疗健康系统有序、高效运行,提供及时、优质的医疗健康服务。支撑体系主要包括标准规范体系、安全保障体系、建设管理体系。标准规范体系从技术、服务等角度指导和规范智慧医疗的整体建设和运营,确保智慧医疗建设的开放性、柔性和可扩展性,确保与智慧城市其他领域能够互联互通。安全保障体系用以提升基础信息网络、核心要害信息及系统的安全可控水平,为智慧医疗的建设和运行提供可靠的信息安全保障环境。从技术角度来看,重点是构建统一的信息安全保障平台,实现统一入口、统一认证。建设管理体系贯穿建设、运行和运营管理三个方面,包括规划、制度、资金、评价等内容,确保智慧医疗建设能够提升医疗健康服务水平和效率,促进公共服务均等化,提升国民身体健康。

二、智慧医疗建设的主要内容

智慧医疗是一个庞大、复杂、动态的系统,要注重顶层设计,避免浪费和信息孤岛。总体来说,智慧医疗建设需要谨慎制定具有战略远见、符合城市医疗健康现状的总体规划,还需要在充分考虑各部分以及与智慧城市其他领域之间的关系,制定具体的规划方案、设计方案、实施方案、保障体系等,以切实推进智慧医疗建设。

我国智慧医疗还处于试点起步阶段,智慧医疗系统尚不完善,各子系统之间及与智慧城市其他领域系统之间的互联互通尤为薄弱。在物联网、云计算、移动互联网的应用背景下,围绕医疗健康的迫切需求,涌现出众多创新的智慧应用。因此,我国智慧医疗的建设是基于电子病历、电子健康档案、数字医院、区域医疗等医疗信息化建设,针对城市医疗健康现状和需求,对城市智慧医疗体系进行调整和完善的过程。

尽管不同城市医疗信息化发展的基础和需求不同,侧重点不同,但是从整体来看,按照作用和支撑关系,智慧医疗的核心建设内容主要包括智慧医疗的基石、智慧医院、智慧的区域医疗、互联网医疗等。

(一)智慧医疗的基石

智慧医疗的智慧基础类建设内容是整个智慧医疗体系的基础技术支撑,为丰富多彩的应用奠定信息共享和信息联通基础,主要包括医疗物联网、医疗云、电子病历、电子健康档案。

1.医疗物联网

医疗物联网技术是智慧医疗的核心。医疗物联网的应用方式是指依据医疗过程的需求,将各种信息传感设备,如射频识别装置、感应器、移动智能手机、激光扫描器、医学传感器、全球定位系统等装置,与互联网结合起来而形成的巨大的网络,并将这些信息传感设备通过医疗物联网技术与所有的资源连接在一起,进而实现资源的智能化、信息共享与互联。

2.医疗云

医疗云是在医疗健康领域采用现代计算技术,使用"云计算"的理念来构建医疗健康服务的系统,形成具有医疗健康领域特色的行业云,支撑云医疗的推广应用,有效地提高医疗健康服务的质量、成本和便捷性。

3.电子病历

电子病历即电子化的病历,是医疗机构在特定时间对门诊、住院患者临床诊断治疗过程的系统、规范记录。它贯穿整个医疗过程,完整集中地记录了各种医疗服务者下达的医疗指令及执行结果,并被诊疗过程的各个环节使用,具有高度的共享性,是医院信息系统的核心。电子病历主要由门（急）诊电子病历、住院电子病历和其他医疗电子记录（包括病历概要、健康体检记录、转诊记录、法定医学证明及报告、医疗机构信息等）基本医疗服务活动记录构成。

4.电子健康档案

电子健康档案也称为电子健康记录，是居民健康管理（疾病防治、健康保护、健康促进等）过程的规范、科学记录。电子健康档案是以居民个人健康为核心，贯穿整个生命过程，涵盖各种健康相关因素，实现信息多渠道动态收集，满足居民自身需要和健康管理的信息资源（文件记录）。电子健康档案中的个人健康信息包括基本信息、主要疾病和健康问题摘要、主要卫生服务记录等内容。健康档案信息主要来源于医疗卫生服务记录、健康体检记录和疾病调查记录，并将其进行数字化存储和管理。电子健康档案与电子病历联系密切，互相补充，且电子病历是电子健康档案的主要信息来源和重要组成部分。

（二）智慧医院

智慧医院是在数字化医院的基础上，更加注重物联网、云计算、大数据技术的应用，更加注重内外信息资源的联动共享和整体的协调性，构建高效经济的医院信息化系统和丰富便捷的医疗服务。智慧医院建设包括智慧的医疗环境和智慧的医院管理两个方面。

1.智慧的医疗环境

智慧的医疗环境主要是指通过对医院建筑设计、楼宇智能化设计，使医院拥有一个绿色、环保、人性化的环境。智慧的医疗设施主要由建筑智能化、通信自动化、业务专业化三部分组成。

2.智慧的医院管理

智慧的医院管理主要是通过信息化的手段，推进临床诊疗的网络化、自动化、智能化,促进医院资源有效利用,获取医院的最大效益。智慧的医院管理可提供更好的临床医疗服务,促使资源更有效的利用,构建更开放的医疗服务体系。

智慧医院重要建设内容还包括一些具有显著技术特征的应用,比如医疗物联网、移动医疗、远程医疗等。这些应用是智慧医疗的建设亮点,增强了医院满足自身管理和服务质量等需求的能力。

(三)智慧的区域医疗

智慧的区域医疗是指围绕"看病难、看病贵、看病烦"等就医问题,遵循以人为本、服务于人的理念,采用新一代信息技术加强卫生防控,加快资源协同调度,优化卫生管理决策,提高卫生资源利用率,实现预防、保健、医疗、康复等相结合的全方位智慧医疗保障和智慧健康管理。智慧的区域医疗建设主要围绕智慧医疗大数据云平台及配套基础系统优化。智慧医疗大数据云平台从建设和最终应用的角度,围绕政府应用、百姓应用、医护专业人员应用角度进行思考、规划和设计。

1.智慧医疗大数据云平台

智慧医疗大数据云平台应用云计算新技术,建设资源易整合、基础设施易扩展、系统易维护的系统平台,充分利用资源,节省建设成本。主要包括基础设施、云融合平台、云数据中心以及云应用。

2.政府应用子系统

智慧的区域医疗提升了政府管理者对医疗卫生监督管理的效率及为民服务的能力。政府应用子系统主要有卫生应急指挥系统、疾病预防控制信息系统、合理用药电子预警管理系统、公共卫生监督系统等。

3.医护人员应用子系统

智慧的区域医疗注重为医护人员提供技术支持,提升基层医疗服务的质量。医护人员应用子系统包括基本的医疗信息化和辅助系统,涉及体检、临床、药品管理、转诊、付费等环节,有双向转诊系统、先诊疗后付费监管系统、区域卫生信息发布平台、区域HIS移动客户端等。

(四)互联网医疗

互联网医疗就是把传统医疗的生命信息采集、监测、诊断治疗和咨询,通过可穿戴智能医疗设备、大数据分析与移动互联网相连,提供多种形式的医疗服务和健康管家服务。互联网医疗代表医疗行业新的发展方向,有利于解决中国医疗资源不平衡和人们日益增加的健康医疗需求之间的矛盾,是国家卫生和计划生育委员会积极引导和支持的医疗发展模式。目前主要包括移动医疗、远程医疗、智慧健康、智慧养老、就医支付几个重点应用领域。

1.移动医疗

移动医疗是现代通信技术、互联网技术和临床医学等多个交叉学科的发展而催生的,通过无所不在的网络和智能移动终端来提供医疗和公共健康服务的最新医疗服务模式。

2.远程医疗

远程医疗是计算机网络技术、现代通信技术、多媒体技术与现代医学技术相结合的一门新兴的综合交叉学科,是一种新的医学模式。它以多种数字传输方式,通过多种核心技术和远程医疗软件系统建立不同区域的医疗单位之间、医师和患者之间的联系,实现对医学资料和远程视频、音频信息的传输、存储、查询、比较、显示及共享,完成远程咨询、诊治、教学、学术研究和信息交流任务等。

3.智慧健康

智慧健康就是围绕家庭及个人健康管理和护理,将医疗卫生系统充分对接到基层医疗卫生平台,借用医疗健康终端和系统,通过健康管理平台和设备,由医护人员和健康护理专职人员,向家庭和个人提供个性化的医疗健康服务。智慧健康建设的主要内容包括健康管理跟踪平台、健康管理应用系统以及健康管理终端。

4.智慧养老

智慧养老是在全国智慧城市建设的背景下提出来的,是指利用信息技术等现代科技技术(如互联网、社交网、物联网、移动计算等),围绕老人的生活起居、安全保障、医疗卫生、保健康复、娱乐休闲、学习分享等各方面支持老年人的生活服务和管理,对涉老信息自动监测、预警甚至主动处置,实现这些技术与老年人的友好、自助式、个性化智能交互。

5.就医支付

为解决医院"三长一短"(挂号候诊时间长、取药检查时间长、缴费报账时间长、诊疗时间短)现象,以服务就医者为本,采用先进信息技术,实现医院之间资源共享和部分资源对外开放,优化就医流程和就医环节,致力于为就医者提供便捷、经济、轻松的高质量就医体验。在就医支付方面,主要的建设包括预约挂号平台、医院分诊导医系统、医疗电子支付。在传统的银医一卡通基础上,诊间结算、床边结算、手机支付、信用账户等方式日渐盛行,提供了更便捷、更广泛的支付渠道。

此外,医疗卫生网络的建设也是智慧医疗的重要基础设施建设。医疗卫生专网需实现所有医院、社区、卫生服务中心和乡村服务站的网络全覆盖,同时保证疾控网络覆盖全面。支撑医疗健康服务的公网,也需要保证网络的便捷获取和流畅性。

智慧医疗的建设不仅仅是系统的建设,更是智慧医疗相关制度机制的建设,更需要人们医疗健康理念的转变。在智慧医疗的支撑体系建设中,最重要的是标准规范体系和安全保障体系。标准规范体系贯穿于医院信息化建设的整个过程,通过规范的业务梳理和标准化的数据定义,要求智慧医疗各项建设遵循"统一规范、统一代码、统一接口"的原则以及相应的规范标准来加以实施,严格遵守既定的标准和技术路线,从而实现多部门(单位)、多系统、多技术以及异构平台环境下的信息互联互通,真正实现信息资源的充分共享和利用,确保整个系统的成熟性、拓展性和适应性,进而规避系统建设的风险。主要包括智慧医疗卫生标准体系、电子健康档案以及电子病历数据标准与信息交换标准、智慧医疗卫生系统相关机构管理规定、居民电子健康档案管理规定、医疗卫生机构信息系统介入标准、医疗资源信息共享标准、卫生管理信息共享标准、标准规范体系管理等建设内容。安全保障体系从六个方面建设安全防护体系,包括物理安全、网络安全、主机安全、应用安全、数据安全和安全管理,为智慧医疗卫生系统安全防护提供有力技术支持,通过采用多层次、多方面的技术手段和方法,实现信息安全保障,整个体系的构建遵循系统安全工程过程开展。

三、智慧医疗产业链

(一)智慧医疗产业链的组成

智慧医疗的产业核心是提供端到端的医疗服务,产业链的整个环节包括政府部门、科研院所、数据中心建设运营机构、网络通道提供商、业务平台开发商、终端开发商以及专业服务提供商。智慧医疗产业链同时也涉及保险机构和第三方服务机构等。

(1)政府部门。政府部门作为智慧医疗产业政策的制定者和医疗信息化发展的主要推动者,通过出台激励机制、配套政策和法律保障与财政支持，引导智慧医疗发展方向，营造产业环境，为合作各方搭建开放、高效的产业服务平台。

（2）科研院所。科研院所是智慧医疗各层的技术理论和适度前沿技术的主要创造者。

（3）芯片及应用设备生产商。芯片及应用设备生产商是完成最底层的芯片生产，提供信息模块、医疗传感模块和无线通信终端设备等。还包括以二维码、RFID和传感器为主，实现"物"的识别的器件提供者。

（4）软件平台提供商。软件平台提供商负责服务于智慧医疗服务及最终用户的业务平台的开发、测试与实现。

（5）系统集成商。系统集成商是面向运营服务机构的整体解决方案提供者。目前智慧医疗运营主体不明确，其在产业链中扮演着重要的角色。

（6）电信运营商。电信运营商作为通信网络的提供者，完成数据的传输。在电信运营企业逐渐重视信息运营的驱动力下，正在尝试与传统医疗服务提供商合作，开展联合运营服务。

（7）运营及服务提供商。运营及服务提供商作为整个智慧医疗产业链的主要运营主体，是产业链的核心。然而，目前在国内仍没有独立提供服务的企业存在，现今阶段主要仍由医院、独立医师和体检机构扮演着该角色。

智慧医疗发展至今面临的主要挑战在于：医疗行业的信息量非常庞大，而且数据结构异常复杂，加之各医疗机构之间的体制藩篱，因而从数据采集、整合到分析的各个环节都面临重重困难，需要政府各级部门大力配合，提供保障性政策与措施。

（二）制约智慧医疗产业发展的因素

1.政府投入不足，传统流程限制产业发展

在传统医疗管理模式中，管理系统主要以业务流程为中心，管理体系是一个重叠、交叉的多层次的行政管理控制体系，管理

层面则以控制和协调性的工作为主。这不仅有损积极性,而且扼杀了一部分创造力。新型的医疗服务模式要求在医院管理、患者信息管理和服务机制上,通过对流程进行规范设计、科学实施并持续改进与优化,使医疗健康管理达到规范化、系统化和传统化。在推进智慧医疗的过程中,希望以卫生信息技术和医疗信息系统为纽带,充分利用先进的卫生信息技术对医院原有服务流程进行改造。

医疗卫生事业是民生工程,政府相关部门应该加大投入力度,充分的投入可确保关键技术研发的完成及示范工程成功推行和应用,从而避免由于投入不足而导致的失败,或使得项目的结果仅仅停留在理论层面,成果束之高阁。加大人力、物力投入,在关键技术突破方面,要加强国际合作,加大研发力度,加强产学研合作,组建由政府、产业链中各企业、科研院所及医疗卫生行业协会等建立的产业联盟,充分调动各方面力量。加快医疗信息化建设进程。

2.产业链部门合作缺乏协调

我国传统医疗信息化规划各自为政,部门规划多,跨部门的系统规划少。对于智慧医疗总体规划而言,缺乏合作协调。很多医疗卫生相关部门与设备和平台提供商之间缺少沟通意识,与相关部门尤其是通信部门的沟通不足,与信息化专家和公共服务专家的沟通不足,对信息网络相关技术和业务模式的发展缺乏前瞻性,对应用主体的需求也缺乏通盘考虑。

随着各行业信息化不断从局部应用向成片应用、广域应用过渡,一方面,公共卫生部门之间,如血液管理、医院和卫生监督管理、疾控中心、妇幼保健及医疗保障中心等各部门要实现相互协调配合。在信息化顶层设计时,必须理顺协调机构与管理机构的关系,促进相关部门协调运作,系统推进智慧医疗建设。另一方面,智慧医疗是个崭新的概念,只有建立互动共赢的组织协调机制,才能让不同部门、企业、地区之间形成合力,积极主动地推进网络融合与信息共享,促进物联网技术在医疗健康领域的推广和应用进程。

3. 国产核心医疗软/硬件设备企业缺乏有益的培育环境

医疗硬件设备,尤其是数字医疗设备方面核心技术及知识产权仍被国外企业控制。据了解,我国每年从国外进口大量医疗设备要花费数亿美元的外汇,国内近70%的高端医疗器械市场被发达国家的公司所瓜分,核磁、MR和CT等医疗设备市场主要集中在GE、西门子和飞利浦等外资公司手里。此外,在中国医疗软件市场上,国外企业包括IBM、西门子、思科和GE等众多跨国企业已提前在中国的医疗市场布局抢位,专门成立医疗信息化行业部门,大力进军中国医疗信息化行业。

我国应当鼓励国产核心医疗软/硬件设备企业的自主创新力,加大力度培育国产医疗企业。借助新医改实现国产企业产品市场份额的大幅提升,卫生行政主管部门应当建立鼓励国内智慧医疗软件平台、设备及芯片等企业自主创新的机制,并给予政策及配套资金的扶植,促进企业的创新开发,促进国内厂商做专、做强,推动产业进入快速发展的轨道。

4. 医学信息与信息医学的科研支持及人才培养缺口严重

医疗信息化人才需求巨大,尤其是既熟悉医疗卫生业务,又精通计算机通信专业的人才严重缺乏。人才严重短缺是制约医疗信息化发展的不争事实。为逐步解决医疗卫生信息化人才需求,国家卫生和计划生育委员会和教育部正联合研究制订医疗卫生信息化人才发展战略,科学规划医疗卫生系统信息化建设人才需求、专业分工、知识与技能要求、培训计划和考核体系;同时出台医疗信息化人才奖励机制,调整专业人才待遇,纠正医院IT技术人员薪资低于其他行业的不利状况,吸引人才,稳定队伍;开展国际交流,通过请进来、送出去、师资和学生交流等形式,提高医学信息与信息医学人才的专业水平。同时,支持大批有价值的智慧医疗相关科研课题的开展,在项目中培养医学信息和信息医学科研人员,提高他们的研发能力,加大我国在该领域自主知识产权的权重。

5.法规和政策亟待调整

物联网正处于发展初期,产业链发展不完整,尤其在医疗领域,确实有很多制约智慧医疗产业发展的因素,比如观念、体制、技术和安全等。从目前中国现实状况来看,体制性障碍是最需要优先解决的问题。

实际上,由于存在体制性障碍,不仅医疗行业信息难以实现共享,而且作为物联网发展基石的基础性网络建设也受到了阻碍。正是由于体制性障碍严重阻碍了物联网的发展,所以需要国家改善管理体制,促进应用。同时各个医疗行业管理部门也需要积极转变观念,从过去单纯的管理者身份向未来的合作者身份转变,加强促进部门、地区间的协作和资源共享。目前,已经有很多地区在推进部门之间的协作共享,比如,北京正着力推进的数字北京计划,整合了北京市委、医院、社区、疾控和急救之间的管理网络,形成一个统一的城市卫生信息管理和突发卫生公共事件处理指挥调度核心平台,大大提高了政府各部门指挥通信和协作管理的效率。

随着社会民众对自身健康的关注以及隐私保护意识增强,加强针对公民电子健康档案信息归属权和服务使用权的法律保证,已成为智慧医疗服务运营的重要保障。

四、智慧医疗评价体系

(一)中国智慧医疗评价指标体系

中国城市数量众多,一、二线城市与三、四线城市之间、地级市与县级市之间的生产力水平、医疗卫生基础设施状况、专项建设资金配置差异巨大。各城市政府和当地医院在智慧医疗领域的建设目标、核心任务、发展路径和重点项目各不相同。面对中国智慧医疗建设的复杂格局,基于对中国两千余个城市的经济与人口基础、IT机会规模和增速、智慧化专项占投资预算总额的比例、医疗信息化专项试点分布、国家统筹试点分布、市场空间和开放程度等诸多维度数据进行持续性追踪研究,同时结合对"十三五"期间中央政府和各地城市政府重点投资的医疗信息化项目方向等政策信息,创建了中国智慧医疗城市评价指标体系。这个指标体系主要是为智慧医疗厂商提供业务支持。

(二)智慧医疗评价指标

智慧医疗的目的是通过医疗资源的互联互通、共享利用,提升医疗资源的利用率和医疗健康服务的水平,使市民可切实享受到具有便捷性、准确性的医疗健康服务。从建设和管理的角度来看,主要包括五个三级指标。

市民电子健康档案建档率。市民电子健康档案建档率指标是指拥有电子健康档案的市民所占的比例。智慧城市市民电子健康档案建档率应达到100%。

电子病历使用率。电子病历使用率指标是指城市内使用电子病历的医院占医院总数的比例。智慧城市的医院电子病历使用比例应达到100%。

医院间资源和信息共享率。医院间资源和信息共享率指标是指城市内实现医疗资源及信息共享的医院占总数的比例。智慧城市医院间资源和信息共享率应在90%以上。

社区卫生站覆盖率。社区卫生站覆盖率指标代表市民不出社区就能够解决普通病患问题,反映了基本医疗资源获取水平。

疫情监控信息发布水平。疫情监控信息发布水平指标指的是城市疫情发布和监控的水平,是有效控制疫情、稳定市民情绪的重要途径。

浙江省、江苏省等省份的医院等级评审中明确要求三级医院信息化建设必须要建立无线门诊输液系统、中心供应室管理系统、临床管理系统等。

此外，人的基本素质和医疗健康观念也是智慧医疗发展程度的重要指标。

第四节 智慧医院建设

智慧医院是在智慧医疗概念下对医疗机构的信息化建设。从狭义上来说，智慧医院可以是基于移动设备的掌上医院，在数字化医院建设的基础上，创新地将现代移动终端作为切入点，将手机的移动便携特性充分应用到就医流程中。从广义上来说，智慧医院包括与医院信息化相关的信息系统建设、系统的运营维护、数据的统计分析及基于数据的服务等。另外，互联网延展了智慧医院的边界，腾讯公司推出的微信智慧医院以"公众号＋微信支付"为基础，结合微信的移动电商入口，最终实现了一套完整、流畅的智慧服务，主要利用的还是微信的连接能力，用于优化医生、医院、患者及医疗设备之间的连接能力。整个流程包括微信预约挂号，候诊提醒；微信导航，诊疗室和化验室之间的有效指引；微信支付诊间费用，电子报告微信实时送达、离开医院后的医嘱提醒等。

一、智慧医院发展背景

从我国目前的发展状况来看，医院是我国医疗服务的主要提供者。尤其是由于人们对基层医疗卫生机构及登记较低医院的不信任，地方重点医院尤其是三甲医院成为人们医疗服务的首选。有些不严重的病情，也要到大医院确诊才放心。这导致对医院医疗需求持续增长，且高于其他机构。

根据原国家卫生和计划生育委员会官网公布的数据 2017 年

1—6月,全国医疗卫生机构总诊疗数达39.2亿人次,同比提高1.9%。医院16.4亿人次,同比提高4.2%,其中:公立医院14.2亿人次,同比提高2.9%;民营医院2.2亿人次,同比提高14.1%。基层医疗卫生机构21.4亿人次,与2016年同期持平,其中社区卫生服务中心(站)3.4亿人次,同比提高3.9%;乡镇卫生院5.0亿人次,同比降低1.2%;村卫生室诊疗人次9.3亿人次。其他机构1.4亿人次。

解决我国医院发展难题,促使医疗资源得到合理高效应用,信息化手段是一个有效的途径。我国从20世纪90年代末开始进行建设数字化医院的探索,未来几年我国将有70%～80%的医院实现信息化管理,连接成一个庞大的医疗信息网络,为医生、护士、患者提供一个更为快捷有效的信息纽带和相互交流的广阔空间。

然而,相对于我国医疗服务的需求及大众的承受能力,医疗成本高、渠道少、覆盖面窄等问题困扰着大众民生,尤其以"效率较低的医疗体系、质量欠佳的医疗服务、看病难且贵的就医现状"为代表的医疗卫生问题成为社会关注的焦点。目前的普遍状况是大医院人满为患,患者挂号、交费、取药排长队,等候各种检查时间长,热门科室住院困难,而二级医院和社区医院无人问津。这些有很大一部分原因是大部分医院单纯注重硬件建设而缺乏精细化管理,医疗信息集中程度低且缺乏共享与交换,公共医疗管理系统的不完善,医疗卫生队伍的服务意识和服务能力亟待加强。

二、智慧医院概念及特征

在智慧城市和新一代信息技术发展的背景下,我们认为:智慧医院是以人为中心,依赖于物联网、云计算等新一代信息技术及生物技术,将信息技术和资源与医院设施和资源融合,通过医疗资源的互联共享及制度文化的创新,形成环境舒适、流程便捷、服务优质、运营高效的医院管理和服务模式。智慧医院主要具有环境舒适、流程便捷、高效协同等特点。

(一)环境舒适

环境舒适主要是指医院环境整洁、舒服、友好。医院人员流动大,病人集聚,很容易感染,需要整洁的环境来抑制病菌滋生。医院的药味、消毒水味道等令人不舒服的味道较重,应保持良好的通风,摆放吸附性强的植物,以塑造舒服的环境。另外,智慧医院还需要注重人文关怀,为就医者提供热忱的服务。

(二)流程便捷

就医流程环节多、等待时间长是当下大部分医院存在的问题。智慧医院通过采用网上挂号、自助服务机、手机支付、诊问结算等优化环节,大大缩短了就医流程的时间。智慧医院也提倡通过人性化建筑设计、导引牌、智能化导航,来降低就医环节的时间。

(三)高效协同

通过将医院内系统进行高度集成,信息在不同部门之间的实时传递,各个部门工作协同性也大大增加,提高了医院的运行效率。比如,在医生开具化验单的同时化验科室接收到化验请求并为就医者排好队;医生提交处方的同时药房已经准备好药品等待就医者来取,护士收到护理任务后,将药品送达至返者的手中。

(四)开放共享

智慧医院不仅在医院内部具有高度的协同共享,而且与其他医院、基层医疗机构、健康护理机构等建立了良好的开放共享机制,使医疗资源在区域内得到有效利用。

三、智慧医院整体架构

我国大部分大医院,尤其是三等甲级以上的医院,已经具备良好的信息基础设施。针对这类医院进行智慧医院建设,主要是针对目前出现的问题,在原有信息系统的基础上,重点采用新一代信息技术进行完善。也就是,基于医院业务流程设计,通过整合移动计算、智能识别、信息融合、物联网等技术来构建智慧医院,真正实现医院整体信息化、智能化应用,满足智慧医院各种业务需求。这类医院主要采用构建无线通信平台、数据交换平台、物联网应用平台、定位平台,部署各类物联网应用系统。

(一)无线通信平台

现代化医院强调"以病人为中心"的理念,无线通信平台可以帮助医院实现随时随地的各种信息需求。移动医疗系统正是基于无线通信平台设计,利用先进的无线网络技术和移动计算技术,在医院现有局域网基础之上构建移动服务、实时服务为核心的无线局域网,使医院信息化建立在全网络应用环境,为医护人员更为高效、便捷的业务流程作基础。

(二)数据交换平台

智慧医院涉及的业务系统众多,同时数据信息庞大而复杂。从现实情况看,医院业务系统和数据信息都没有公用的标准可以遵循,帮助医院建立数据交换平台,建立基于 SOA 架构的应用和信息交换服务,从而解决智慧医院所需要面对的各种个性化服务要求。

(三)物联网应用平台

智慧医院建设中引入了全新物联网应用平台和相关中间件产品。一方面,采用全新的面向物联网的架构技术 TOA(Things

Oriented Architecture)解决由于 IOT 网络的复杂化和多元化而导致系统设计、开发、维护相对困难的问题。同时开发基于 TOA 的面向物联网通信的中间件 TOC(Things Oriented Communication),实现低成本、高可扩展性、可维护性的面向 IOT 的医疗智慧解决方案。另一方面,通过智能识别技术应用来构建医院病人、药品等信息的主索引,通过条码扫描和 RFID 技术,为智慧医院提供精确的信息确认和识别系统,从而杜绝传统人工判断和识别所产生的差错事故。

(四)定位平台

为适应医院多层建筑之间及内部的定位和轨迹管理,采用创新的三维医院地理信息系统(HGIS)及定位技术,医院建筑内部人员活动、设备移动均为三维现象。系统采用三维矢量和栅格混合结构集成的数据模型,处理垂直方向和水平方向上的地理信息,可以更精确、更直观地对医院的全部资源(物资源、人资源)进行跟踪和监控。另外,使用 ZigBee、RFID 技术对人员、器械、医疗垃圾进行远程非接触式识别和实时定位,可实现医院内部的轨迹管理,形成医护人员查房、巡视轨迹,规范医院管理,也可对医疗垃圾的运输时间、运输路线进行严格监管,还可对设备、新生儿及精神病人实现有效监管,大大拓展了医院管理能力和资源的利用效率。

(五)应用系统

基于不断创新基础技术和应用支撑平台,已经逐步建成涵盖医院门诊管理、住院管理、营养管理、药品管理和耗材管理等一系列移动应用的智慧医院物联网应用系统。主要包括移动临床信息系统、移动门诊输液系统、婴儿防盗系统、药品条码管理系统、人员动态定位管理系统、医院营养点餐系统、移动库房及资产管理系统。

第六章　智慧旅游

　　智慧旅游作为旅游业发展运营的一种新模式,是游客市场需求与现代信息技术驱动旅游业创新发展的新动力和新趋势,既是全面提升旅游业发展水平、促进旅游业转型升级、提高旅游满意度的重要抓手,又是把旅游业建设成为国民经济的战略性支柱产业和人民群众更加满意的现代化服务业的战略选择。当前,发展智慧旅游具有十分重要的意义。

第一节　智慧旅游的发展

一、智慧旅游概念的提出

　　随着旅游产业和信息技术的快速发展,人们对旅游公共服务的需求也迅速提高。如何解决并满足游客的个性化需求,已经日渐成为各级政府旅游主管部门共同关注的问题。然而,依靠传统旅游公共服务体系来满足目前不断提升的需求,已经变得越来越困难。因为传统旅游公共服务存在众多弊端,如重视有形产品、忽视海量的信息产品,信息技术应用不够深入,各级地方政府协同机制不完善等,这些因素不但制约了旅游业的发展,还削弱了游客的旅游体验。在此背景下,依托快速发展的信息通信技术,以游客为中心、以各类旅游参与方为主体的智慧旅游公共服务体系的建设为旅游业的发展提供了一种全新的思路,开辟了一条更加科学高效、更加人性化的实践路径,因此,大力发展智慧旅游成为重要的选择。

在我国,智慧旅游的概念于 2010 年由江苏省部分城市的旅游部门率先提出,此后,智慧旅游的春风吹遍了全国各地。近几年,从中央到地方,各级政府对智慧旅游的发展倾注了极高的热情。国家旅游局将智慧旅游写入了《中国旅游业"十二五"发展规划信息化专项规划》,将包括南京、无锡等 7 个江苏省的城市在内的全国 18 个城市确定为首批国家智慧旅游试点城市后,又将包括南京中山陵园在内的全国 22 家景区确定为全国智慧旅游景区试点单位。为促进智慧旅游更好更快地发展,全国多个省市先后出台智慧旅游发展规划或行动计划,如《江苏省"十二五"智慧旅游发展规划》和《北京智慧旅游行动计划纲要(2012—2015年)》等。

2015 年 1 月,国家旅游局根据全国智慧旅游发展的阶段性特点,在总结建设发展经验的基础上,发布了《关于促进智慧旅游发展的指导意见》,对全国智慧旅游未来的发展作出新的部署,为我国智慧旅游未来的发展指明了基本方向。

二、智慧旅游的概念

到目前为止,有关智慧旅游的概念可谓众说纷纭,莫衷一是。国家旅游局《关于促进智慧旅游发展的指导意见》指出,智慧旅游是运用新一代信息网络技术和装备,充分、准确、及时感知和使用各类旅游信息,从而实现旅游服务、旅游管理、旅游营销、旅游体验的智能化,促进旅游业向综合性和融合型转型提升,是游客市场需求与现代信息技术驱动旅游业创新发展的新动力和新趋势,是全面提升旅游业发展水平、促进旅游业转型升级、提高旅游满意度的有力抓手。智慧旅游对把旅游业建设成为人民群众更加满意的现代化服务业,具有十分重要的意义。这一定义从智慧旅游实践发展的角度出发,为其建设和应用提供了依据。

　　综合国内外的相关研究,从学术研究的角度出发,本书认为,智慧旅游是指以游客为中心,以应用互联网、物联网、云计算、移动互联网、大数据、GIS 等"互联网＋"技术为手段,以计算机、移动设备、智能终端等为工具,以智慧服务、智慧营销、智慧管理和智慧政务为主要表现形式,以全面满足游客吃、住、行、游、购、娱的服务需要为基本出发点,以"为游客、旅行社、景区、酒店、政府主管部门以及其他旅游参与方创造更大价值"为根本任务的一种旅游运行新模式。

　　从本质上看,智慧旅游是要通过新理念的导入、新技术的应用和新模式的形成,使旅游活动的全过程、旅游经营的全流程和旅游服务的全链条产生智慧效应,创造智慧价值,全面实现旅游发展的转型升级和提质增效。

三、智慧旅游的应用和发展

(一)智慧旅游的应用

1.智慧服务

　　智慧服务是智慧旅游的核心业务,是驱动智慧旅游前进的关键动力。从服务层面上来看,智慧服务包括旅游信息服务提供商提供的各种信息服务以及提供这些信息服务的公共服务机构。旅游业智慧服务的主要表现形式是各类旅游服务提供商利用智慧化的技术和手段服务游客,更好地满足游客吃、住、行、游、购、娱的需求,在改善旅游服务品质的同时,提升旅游服务的价值。毋庸置疑,智慧的旅游服务可使游客在旅游前、旅游中、旅游后都能够随时随地获取信息,以便旅游服务提供商做出科学决策,提高旅游服务价值,提升游客体验。

2.智慧营销

　　智慧营销主要是针对旅游服务提供商而言的,是指综合利用各类智慧化的技术开展包括网络营销、移动营销等在内的各类营销活动,以实现营销活动的智慧化,创造更高的商业价值。营销智慧化主要表现为各种营销要素和商务手段的智慧化。智慧旅游借助各种在线和离线的传播方式和渠道,将目的地景区的相关信息和旅游企业的产品、服务等信息,通过图片、视频、文字等多种方式传递给潜在的消费者,并且通过智慧化的手段开展电子商务、移动商务等各类商务活动,从而实现整个营销环节的智慧化。

3.智慧管理

智慧管理主要是针对旅游活动的各项管理业务而言的,是指综合利用智慧化的技术对游客、景点、酒店、旅游线路、交通工具以及其他类型的旅游资源进行智慧化管理,目的是全面提高管理水平,创造管理效益。

4.智慧政务

包括各级旅游主管部门在内的政府机构是旅游活动不可或缺的参与者。通过智慧化技术的全方位应用,提高政府对旅游行业的管理水平和服务能力,是旅游行业智慧政务的基本目标。智慧政务既包括电子政务、移动政务等深化应用,也包括基于智慧化技术的政府管理和服务模式的创新。借助智慧化的政务系统和平台,可以实现政务智慧化,提高政务水平和提升服务能力,实现电子政务、移动政务等深化应用,以推动政府管理模式和服务模式的变革。同时,智慧政务可为旅游提供安全保障体系,以促进旅游行业安全、有序、可持续发展。

(二)智慧旅游的发展现状

1.城市智慧旅游建设

智慧旅游源于智慧城市,在智慧旅游城市建设方面涌现了许多有益的实践和报道。2012年5月国家旅游局公布了第一批18

个国家智慧旅游试点城市;2013年1月再次公布了15个城市为第二批国家智慧旅游试点城市。在市域层面,智慧旅游的实践和案例报道大多集中在这些试点城市,如常州、南京、秦皇岛以及天津等。常州建设了智慧旅游公共服务平台;南京构建智慧旅游"祥云计划",实施智慧旅游总体规划架构;秦皇岛不断完善全景区的智能化服务;天津市推进智慧旅游的"1369"工程,并铺设智能旅游终端;北京编制《智慧旅游行动计划纲要》和《智慧旅游数字业态建设规范》,并开发自助导游讲解、城市自助导览、网络虚拟旅游系统;镇江构建国家智慧旅游服务中心、中国智慧旅游云计算平台、智慧旅游感知网络体系、智慧旅游联盟、智慧旅游产业谷等;宁波通过整合旅游信息资源,打造一个智慧旅游中央管理平台和旅游资源数据库,建构"虚拟旅游社区";苏州从游客的角度出发,通过信息技术提升旅游体验和旅游品质,为游客提供"一云多屏"和"一云多路"的旅游信息服务。总体上,我国智慧旅游试点城市建设大多围绕智慧旅游基础设施、智慧旅游景区、智慧旅游公共服务平台进行,经过这几年的努力,已经初见成效,在国内有着较好的示范带头作用。各个城市的智慧旅游实践虽然各不相同,但总体趋势都朝着"感知化""互联化""人本化""智能化"的方向发展。

2.景区智慧旅游建设

景区的智慧旅游建设推进较快,国内众多知名景区对智慧旅游的建设热情高涨,5A级景区大多以景区的智慧化为契机,进一步提升景区的知名度。洛阳龙门石窟的智慧龙门就是一例。

(1)电子购票与客源分析。2016年10月,龙门石窟实现了微信支付购票,全国首家"微信支付旗舰景区"在龙门石窟景区正式落地运营,这是继2015年7月龙门石窟与腾讯公司携手成功打造全国首家"互联网+智慧景区"之后,在一个由多种业态和服务模式构成的互联网智慧旅游景区,通过全面接入微信支付,实现综合业务流程再造和游客体验再提升的又一次新的实践。

实现微信支付是打造智慧龙门的重要一环,使游客从进入龙门之始,就与龙门石窟景区产生了良好的互动。龙门石窟公众号的关注度不断提升。用户画像的获取有益于大数据时代进行细致的客源分析,游客来源可以精确到城市。大数据时代的龙门石窟景区,将从基于游客的全方位体验提升,向利用大数据手段全面分析游客的行为轨迹、游客画像、高峰阈值等多方面纵深,实现景区的精准管理、精准营销、服务提升,通过更加精准、精细、精确的智能工具,实现对游客服务和品牌质量的提升。

(2)无线网络和扫码讲解。龙门石窟景区内,实现了无线网络的全覆盖。游客可以通过关注"龙门石窟"微信,全程免费使用无线网络,避免了游客因流量不足而无法体验智慧龙门的尴尬。

游客不仅可以通过微信购买景区门票,还可以通过微信支付导游费用,提高了游客支付的便捷和安全。在景区各个景点都分布有二维码,游客可以通过微信扫描二维码,获取画册、讲解、地图等电子服务。

(3)互动游览与在线游戏。龙门石窟景区内,还可以通过手机扫码获取免费语音导览和画册、景区地图,边看佛盒边听讲解;拜卢舍那上心香、侧佛缘、360°全景洞窟、祈福魏碑等互动体验。因为龙门石窟是国家文物保护单位,景区内禁止烟火,智慧龙门上线了全国首个微信上香体验项目,提升了游客体验的同时,也保护了文物。据《龙门石窟智慧旅游大数据报告》显示,2015 年 7 月—2016 年 7 月,通过龙门石窟微信平台参与上心香的游客达84037 人次,许愿 160734 条。

(三)智慧旅游的发展趋势

智慧旅游经过这几年的发展,理论体系日趋完善,实践经验日渐丰富,整体上向着技术手段的智慧化不断迈进,未来智慧旅游的发展需要进一步拓展深度和广度。

1.技术手段智慧化

在当前移动互联网时代和大数据时代背景下,通过信息化实现传统旅游产业的腾飞,普遍推进技术手段的智慧化。诸如各个城市推行的智慧旅游基础设施建设、智慧旅游景区建设和智慧旅游公共服务平台建设等。各个景区也在传统业务的各个节点布局信息化的技术手段,实现门票、游览过程和体验交流的信息化。这一层次的技术手段智慧化侧重于与不断更新的技术设备和消费理念相适应,为传统旅游业适应时代的发展提供了有效的路径。未来可以不断加强与新技术的融合,不断革新技术手段,在大数据的支持下实现技术手段的智慧化。

2.情感互动智慧化

更进一步的智慧旅游,可以考虑更加关心人本身,在情感方面增加互动,实现情感互动的智慧化。游客由于风俗习惯或是文化修养的不同,往往呈现个体的差异性,故而,在大数据时代下,可以通过数据挖掘,对游客进行细分,从而提供因人而异的情感交流。例如大人和小孩的细分,男性和女性的细分等。这一层次的智慧化,有效感知、大数据分析和智能专家系统是关键,尽可能地实现因地制宜、因人而异的游客互动和游览体验。

3.行为模式智慧化

在游客细分的基础上,能够以人为本地从游客角度发现问题,实现行为模式的智慧化。这一层次,需要通过大数据了解游客的基本行为模式,在合适的地点提供恰当的信息。例如在景区的各个景点提供多种方式的实时引导,满足各类人群的需要。在一些印象深刻的游览区域为游客提供经典的情景模拟,方便游客间的交流与共鸣,激发游客游览或重游的兴趣。在短暂停留区提供实时的天气预报、环境状况等信息,辅助游客规划游览方案等。

4.应急处理智慧化

智慧旅游在发展过程中,在不断挖掘丰富旅游体验的技术和策略的同时,还应关注整个旅游过程的系统性。通过应用信息技术、移动互联网和大数据,使得整个旅游产业运行更加周密,实现应急处理的智慧化。对环境容量、可能发生的意外、灾害等进行预警,排除隐患。对已经发生的突发事件作出迅速反应。通过旅游过程的整体智慧化,促进旅游产业更加健康发展,不断完善和成熟。

第二节　智慧酒店

随着国民经济的持续发展,大众旅游、商务旅游的浪潮正排山倒海地涌来,游客、住客对酒店服务的要求亦水涨船高,而且需求各异。在信息爆炸的时代,如何满足海量的个性化需求,是各酒店管理者普遍面临的一个新问题。况且我国酒店还在不断的建设中,行业竞争日益激烈,星级酒店面临前所未有的挑战。如果仅仅依靠传统思维和模式去面对这一挑战,几乎已成无解的方程,连锁化、信息化、国际化和节能化已成为中国酒店发展的必然趋势。智慧酒店就是在这样的大背景下出现并发展起来的,它通过对酒店服务相关的各类信息进行整合,向住客提供各自所需的系统服务,从而吸引了潜在的客户资源,实现酒店管理与服务质量上的飞跃,赢得了市场增量。

一、智慧酒店的定义

从现阶段实践应用的角度来看,智慧酒店是利用信息通信技术实现对业务流程各环节的自动感知和自动处理,用新技术对酒店业务管理所有的信息系统进行整合使用,释放系统间数据的流动性,从而实现改善经营中的管理流程和服务流程,提高酒店的服务效率和效益,提高住店客人的满意度和忠诚度。因此,智慧酒店的简单定义可以是:利用云计算技术、精准定位技术、移动互联网技术、物联网相关技术、数据分析技术等手段,实现酒店的精准管理、敏捷服务和有序经营,形成酒店与客户之间相互感知、信息播送的服务生态系统,可以提升酒店经营的扩展能力和市场竞争优势。智慧酒店包括经营中的智慧管理、智慧服务和智慧营销,现阶段采用的核心技术是物联网、移动互联网和云计算,用来实现智慧的平台化管理和平台化服务,从而增加了客户的服务体验,降低了经营中的能源消耗和管理成本,创造了数字经济的增量。

智慧酒店建设同样是酒店信息化发展过程中的里程碑阶段。智慧酒店的建设紧紧围绕客户体验和创造收益增量:客户体验就是用信息技术改善客房环境、用餐环境和娱乐环境,让客户在享用服务的过程中有快乐感;收益增量就是通过在线化,提升酒店的数字经济收益,不断提升自己的在线直销份额。另外将逐步改变酒店经营模式,由于在线营销系统大大节约了酒店的经营成本,酒店传统经营模式将被引导到全新的智慧平台之上,让酒店经营在线化、数据化,由线下服务转为线下线上相结合的经营模式,既降低了经营成本,又扩大了销售面,从而实现酒店收益的转型升级。一个智慧酒店平台也是酒店充分展示形象和提供产品服务的平台,可以推进酒店产品的深度开发,为消费者提供个性化的在线服务产品,从而进一步放大酒店资源的综合效益。

酒店智能化是一个不断丰富、发展的领域。酒店作为直接面对客人提供服务的场所,应不断创造环境让客户感受到高科技带来的舒适和便利。所谓智慧酒店,必须具备以下要素:客人在酒店内任何地方,可以随时随地上网获取服务;在客房,客人可以用智能终端或移动终端查询自己的服务,也可以申请新的服务;酒店与客户之间可以相互感知,了解对方的状态,提供需要的个性化服务;即使客人不在酒店内,也可以通过移动互联网实现咨询、获取服务;酒店可以利用新媒体,建立自己控制网络舆情的自媒体平台,并与分销渠道互通信息;酒店物耗、能耗、人员成本、财务控制等,也应实现智慧化管理,把管理成本降到最低,以创造效益。因此,在智慧酒店建设的总体框架下,酒店应该为客户提供智能化的设备和应用系统,比如智能门禁系统、智能取电开关、交互视频体系、智能安保、智能互动体系以及智能接待体系等。

二、智慧酒店的架构

智慧酒店是一个新业态的概念,是未来酒店经营发展的一个方向,其组织框架目前还没有形成固定的模式,某些地区依据新一代信息技术正在逐渐形成智慧酒店的典型模式,比如北京 2012 年发布的北京智慧饭店建设规范,杭州 2013 年发布的杭州市智慧酒店建设规范等。杭州市智慧酒店建设框架将智慧酒店的应用架构分为四个层面,分别为面向酒店的基础设施建设层、面向旅游管理的应用层、面向公众服务的应用层、面向旅游营销的应用层。

(一)面向酒店的基础设施建设层

物联网基础设施和数据基础设施一般都由酒店自己直接建设,而其他网络基础设施基本由通信运营商建设或共建。以下对这两个基础设施建设的内容进行研究。

1.酒店物联网基础设施建设

酒店物联网基础设施建设主要用于客人的引导管理、员工管理、设备管理和安保管理等,还可以在互联酒店前厅区域配备入住登记的自助服务设备。这些基础建设需依据酒店规模大小选择合适的设备数量,自助服务设备需具备二代身份证识别、银行卡刷卡消费、自动处理并打印入住手续等功能。智能房卡的互联能实现酒店内消费、车辆通行、开启房门、楼层识别等功能。酒店各服务环节的 RFID 配备、标签设计等都属于物联网基础建设的内容。

随着物联网在食品加工业的应用,酒店餐饮管理也利用物联网来实现食品的安全管理,通过食品上的 RFID 标签,可以追溯食品加工的源头,以确保采购的食品安全,让客人在酒店用餐时完全放心。

2.酒店数据基础设施建设

数据基础设施是智慧酒店建设的关键内容,数据库、数据中心、数据服务设备等都是数据基础设施。从业务需求和实际应用出发,建设内容还包括制定统一的数据采集标准,建立符合自身条件的信息采集长效机制;依据自身条件需求,建立相应的数据库和数据中心环境,如顾客信息管理数据库等;具备信息数据智能分析、处理功能,为酒店电子商务决策提供支持;建立数据共享机制,解决数据交换和共享问题;酒店旅游数据库接口,拥有完善的信息安全保障机制。另外,还包括数据服务策略,建立一套有效的数据使用机制和模型。

(二)面向旅游管理的应用层

对于旅游类酒店,经营管理是酒店智慧建设的重点内容,尤其对于连锁型酒店或酒店集团。由于围绕管理智慧建设的内容非常多,而且不同的酒店差异性也很大,这里就选择几个目前较普遍的应用系统进行分析。

1.酒店监控安防系统

酒店监控安防系统在智慧酒店中称为智慧安防,这是高星级酒店必须有的一个系统。智慧安防主要利用智能监控和智能终端,使用智能视频监控软件监控范围覆盖酒店公共区域,重点监控危害多发地,并具备危机告警功能。其中视频监控控制面板能控制画面缩放和镜头转动等,能实现图像的实时远程观看以及3G物联网视频监控等。系统可以记录图像和声音,为处理突发事件提供查询的依据;与防盗报警等其他安全技术防范系统联动运行,以保障住店游客的人身及财物安全。智能终端主要由安防人员或相关责任人携带,当遇到突发事件时可以利用智能终端实现协同处理。

2.酒店智能客房控制系统

客房控制系统涉及电能、门窗监测以及 Mini 吧使用等,目标功能是客房节能、安全、自服务等。为了提升住店客人的体验,系统预设欢迎模式,灯光根据入住的不同时间段自动调整到预设的欢迎模式和亮度,电动窗帘徐徐打开,背景音乐自动响起,自动打开客房内的电视,播放入住欢迎标语和天气信息。系统可以智能调节客房灯光,客房灯光根据不同的需求设置成多种情景模式(如全亮、柔和、休闲、电视、阅读、睡眠、起夜等),配备灯光遥控设备;系统应能够智能调节客房温度,室内温度过高或过低时,自动感应并启动空调,将客房调整至舒适温度。另外,系统能自动监测门、窗是否关紧,并可根据情况给住店客人温馨的提醒。

3.酒店客户关系管理系统

酒店客户关系管理是酒店经营中非常重要的系统,它从会员管理系统的应用发展起来,可以实现对会员客户的自动销售、自动营销和自动关怀,实现对会员客户的智慧管理和服务。智慧的客户关系管理基于移动互联网,相互能够在线互动,包含客户回访、客户信息反馈、定制信息播送等功能,同时能对各类客户数据进行挖掘分析,及时发现客户消费新需求,为酒店营销决策提供支持。目前,智慧的客户关系管理主要基于大数据分析,能对客户进行各种分类,从而实现对客户的个性化管理和个性化服务。

(三)面向公众服务的应用层

酒店服务的质量与效益一直以来是酒店经营中研究的热点,因为酒店是靠服务来谋生的,酒店能否生存下去靠的就是服务的信誉。因此,在智慧建设方面,服务的智慧化建设就成为智慧酒店建设的关键。一个好的智慧型服务系统,不但能给客户带来快乐的体验,还能为酒店带来持续不断的收益。以下对几个目前酒店业应用比较热门的服务系统进行研究。

1.酒店综合信息服务系统

酒店综合信息服务系统实际上是一个信息接驳管控平台,也有酒店称其为信息服务后台系统,它的核心功能就是信息的审核和发布,从而实现对网站、OTA渠道、分销渠道的信息统一发布和监测,最终控制网络舆情的变化。酒店的门户网站、触摸屏、LED显示屏、闭路电视系统、微渠道如微信平台等信息都通过它发布。系统的功能包含酒店信息编辑、审核、发布,住房饮食预订服务以及评论打分、统计,服务投诉,服务对比,旅游景区信息速递,视频演示与发布,环境交通一键通等。另外,系统可实现对酒店相关的实时信息更新,包括客房信息、餐饮信息、娱乐信息、价格信息等。

2.酒店电子商务系统

在互联网时代,酒店电子商务将是一个必然的发展趋势。就目前来说,许多酒店已开展了不完全的电子商务,有的通过OTA服务商,有的通过自己的门户网站,也有的通过电子分销渠道,但这些电子商务没有整合起来形成系统,如何管理这些不同的渠道,为消费者提供完全的电子商务服务,是酒店电子商务系统发展面临的问题。智慧的电子商务需要一个平台,它能为客户提供一站式的服务,而且是个性化的,不但能实现网上预订、移动终端预订,还能实现在线支付,实现真正的网上交易。智慧的电子商务是基于移动互联网的商务,支持多种智能旅游卡的支付功能,并形成酒店电子商务诚信评价体系,提高了酒店电子商务开展的效用。

智慧的电子商务系统应提高自己的在线直销比例,而不是依赖OTA。在系统构建时,应重点做好门户网站的商务流程设计,做好微信平台的商务流程设计,以及做好酒店App的商务流程设计,通过设计规划逐步提高自身的电子商务份额。当然这也离不开电子商务系统的数据分析,挖掘潜在的商机,只要酒店利用自己的系统用心去做电子商务,酒店自己的在线直销份额一定会不断增加。

3.酒店网站集群系统

网站集群系统主要应用于连锁型酒店或酒店集团,这些酒店有集团总部的门户网站,也有成员酒店的门户网站。除了门户网站,这些酒店还有手机网站等微网站,为了便于统一管理,整合运行,为消费者提供更权威的信息,满足这些网站的商务流程及业务的整合管理需要、电子商务一站式服务的需要,就要有网站集群系统来实现管理与服务。集群系统具有应对各网站信息实时并同步更新、协同处理的功能,以及定期对网站安全开展维护性工作,确保网站信息和运行的安全。

4.酒店互动屏自助服务系统

该系统具备入住办理的自助服务功能,可实现空房查询、房类选择、入住手续办理、银行卡支付等服务。为使住店客人随时了解酒店的所有服务信息,酒店要合理布置多媒体触摸屏设备的自助系统,如放在大堂、娱乐服务场所以及餐饮服务场所等。新一代的自助服务系统是互动型的,消费者和酒店方通过感知提供智慧性的服务,不但可以提升客户的体验,还可以提升服务的满意度。对于服务系统,酒店还需做好设备维护保养工作,确保酒店内的每一台触摸屏都能够正常使用,以树立酒店智慧型服务的良好形象。

(四)面向旅游营销的应用层

在大网络环境下,未来酒店的营销就是服务,甚至营销就是管理,这足以说明酒店经营过程中营销的重要性。智慧型的营销已经和信息时代流行的社交网络密不可分,和移动互联网密不可分,并和智能手机紧密地联系在一起,它可以绑定客户,提供灵活的个性化服务。

1.酒店自媒体营销系统

自媒体营销系统就是酒店利用社交网络,借助移动互联网以及所有的电子设备,形成平台化的营销服务系统。自媒体营销系统的应用特点是可以确保发布信息的准确性、实时性和可维护性,并可及时了解营销的效果。通常,系统具备自有和可控的信息发布平台(官方网站、博客、微博、微信等),具备能直接营销到的目标用户群(网站注册用户、微博粉丝、微信好友等),并具备可以独立开展的营销活动(客房/餐饮免费赠送、微博/微信抽奖、有奖点评等)。系统还可以和客户在线互动,营销的效果可以在线了解,效果都是可视化的,所以该系统在智慧营销建设中,是最受酒店欢迎的一个产品。

2.酒店舆情监控分析系统

在移动互联网的大环境下,舆情监控分析系统已成为酒店了解市场影响力的重要系统。该系统不但可实时、动态监测酒店市场舆情发生,而且可引导舆情并解决可能引起的不利影响。该系统通过网络了解客户和潜在客户对酒店的舆情情况,以帮助酒店制订有效的营销策略方案。系统还具备舆情的跟踪、舆情的内容定位以及舆情的屏蔽等功能,在自媒体平台可发布重大舆情的处理结果。

3.酒店营销效果评价系统

营销效果评价主要是用来优化营销渠道和监测酒店的市场关注度,该系统根据各营销渠道导入的网站流量、咨询量和预订量等,判断各合作网站、酒店平台的营销效果,逐步筛选出合作效果较好的网络营销渠道。在社交网络中,该系统同样可用来评价消费者的消费趋向和关注度,通常通过消费者的注册方式、内容订阅方式、订阅数量、互动频率、关注产品类型以及订阅所用主题等社交变量,分析酒店营销推广后在社交网络中的关注度,寻找在市场竞争力方面的薄弱环节,从而优化或明确进一步提升市场竞争力的营销策略。

三、智慧酒店案例——杭州黄龙饭店

杭州黄龙饭店是杭州旅游集团有限公司用 10 亿元打造的全球第一家智慧酒店,总面积达 11 万平方米。它位于杭州市金融、商业和文化中心的交界处,拥有现代奢华的舒适环境、高科技的智慧体验以及独树一帜的江南庭院设计,是宾客放松休憩、激发创意、会客洽谈的理想场所。

酒店拥有 593 间各类客房,并配备健身房、游泳池、酒吧、会议室及停车场等设施。智能化系统使酒店的市场竞争力大大增强,开房率持续在 80% 以上,并且平均房价比同城同级别同类型房间高出 15%～40%。由于高科技应用的便捷性,杭州黄龙饭店的住客满意率也保持在 90% 以上。

在用高科技推进转型升级和"引领现代奢华体验"的核心品牌理念下,杭州黄龙饭店致力于打造中国本土最高端的酒店品牌,和美国 IBM 公司合作打造智慧酒店品牌。如今,黄龙饭店不仅升级为浙江省首家国家级白金五星级酒店,更是得到了享誉国内外的"全球第一家智慧酒店"称号,受到了无数酒店从业者和学者的关注,这在酒店业内无人不知。

在智能化方面,杭州黄龙饭店打造了国内最先进的无线网络、智慧客房导航系统,全世界第一套电视门禁系统,全球通用客房智能手机、互动服务电视系统,机场航班动态显示服务,DVD播放器/电子连接线及插孔、床头音响、床头耳机、四合一多功能一体机,iPad 点菜系统等,让客人获得尊崇、体贴、智能的全新客户体验。以下便对黄龙饭店主要的智慧化服务系统进行研究。

(一)智慧客房入住登记系统

黄龙饭店智慧客房的入住登记系统,既能缩短入住登记时间,又能保证私密性。一位 VIP 客人,凭黄龙饭店的智能卡,一进入酒店即可被系统自动识别,无需办理任何手续即可完成入住过

程。该系统还配备移动终端,使用手持的移动终端便可进行远程登记,在房内或是地下停车场的车内完成登记、身份辨识及信用卡付款等手续,享受高度隐私。

VIP客人一进入酒店大堂,该客人的信息会立刻显示到前台的电脑上和大堂经理/客户经理的移动终端设备上,提示前台或者客户经理做好接待服务准备。当需要时,可以马上将"欢迎某某贵宾光临黄龙饭店!"的欢迎词以短信的方式发送到VIP客人的手机上。这种智慧识别,极大地提高了对VIP客人服务的敏捷性和准确性,提升了酒店的接待服务形象。

另外,该系统还配备了自助入住机,客人可以自行完成入住登记或退房。当客人入住登记成功走出电梯后,楼层的门牌指示系统会自动闪烁,指引客人直至房间,为客人顺利进入房间提供便捷的电子化服务。

(二)互动服务电视系统

当客人进入房间后,房内的互动电视系统可以自动获取住店客人的入住信息。如果客人已经入住过黄龙饭店,客房会自动按照客人的习惯进行环境设置,如自动调节温度、灯光亮度等,使客人能马上在自己熟悉的空间里工作或休息。客房的互动电视系统和IP电话系统可自动获取客人的入住信息,内设八国语言系统,可自动选择客人的母语,以欢迎客人入住,还会自动弹出客人上次入住时常看的电视频道,如显示客人的国家信息、国家当地气候及杭州气候等。

系统主要提供酒店介绍、电视频道、娱乐频道、城市指南、点播频道、服务工具等互动服务,系统还提供如中国地理等电子化杂志,为住店客人提供有价值的信息服务和阅读。城市指南中包括旅游信息、交通信息、航班信息等服务。

(三)全世界第一套电视门禁系统

当门铃响起,客人不必走到门前就能知道是谁来访,访客在房门前的图像将自动跳转到电视屏幕上,可以让客人识别并选择以何种形象去开门。

电视门禁系统把电子门禁、摄像头以及电视机整合在一起,为住店客人构筑了智慧体验的安全屏障。新一代的电视门禁系统已和酒店监控系统整合在一起,为客房的安全构筑了一道坚实的智慧屏障。

(四)智能工具

1.全球通用客房智能手机

在黄龙饭店,每个商务客房的电话分机都具备手机系统的特性,客人不但可以手持移动分机终端在酒店内使用,同时可以漫游整个市区。智能手机解决了有些国外手机无法在中国使用的问题;从技术的角度,它可以全球拨打,免费接听,方便了境外客人。在现阶段,杭州黄龙饭店开放了部分信号区域,可在饭店内或是杭州范围内的任何地方使用。

2.四合一多功能一体机

该智能设备兼具打印、影印、扫描及传真功能。住店客人当需要获取某些信息时,只需告之服务中心目的地房间号,清晰的咨询信息就会传至客房的多功能一体机内,并打印出来。住店客人也可以自己使用一体机的复印、扫描和打印功能,以方便商务客人住店期间处理商务。

黄龙饭店的这些智能化服务系统不但给客人带来了便利,同时也提升了服务,其他系统如智能点菜系统、微信服务系统、微网站系统同样带来了良好的服务口碑。比如,iPad点菜系统避免了传统菜单的翻新、修改、更换带来的大量时间、财力和人力耗费以及纸张的浪费;集水系统将楼宇间的地下过道作为天然的雨水集水区,采集到的雨水可拿来冲洗地下停车场或浇花。这种智能和环保低碳的有机结合是智慧低碳酒店的重要特征之一。对于智慧低碳酒店,智能化和低碳化是必不可少的元素。黄龙饭店通过不懈的努力,致力于将智能和低碳有机结合,正在形成多样多元型的"智慧酒店"。

杭州黄龙饭店作为"智慧酒店"的典型代表,创新了服务管理模式和服务水平。其中不光有经济效益、社会效益和文化效益的提升,生态效益的提升也十分显著,可以刺激消费,改变酒店的供需结构,提升管理和服务的品质,推进酒店的科技化文明程度,降低能耗达到绿色环保的新型饭店的建设要求。因此,黄龙饭店的智慧建设得到国内外同行的广泛关注,同时也得到国内外专家、学者及新闻媒体的高度认可和赞同。这些都是"智慧酒店"的"智慧"给酒店业带来的巨大收益。

第三节　智慧旅行社

旅行社的业务环节代表了旅游业,是旅游业发展的一个缩影,但目前旅行社的智慧建设是最薄弱的,应用实践也少于旅游餐饮业,其原因主要是我国旅行社规模都比较小、业务模式分散、管理流程不规范等。另外,旅游业务错综复杂,人为因素多,这给智慧系统的开发建设带来一定的困难。近几年,旅行社的信息化建设发展很快,因为OTA的快速发展倒逼了旅行社的在线化建设,传统旅行社要生存发展就必须融合现代的互联网,使得智慧旅行社建设成为旅行社企业发展的必然。

一、智慧旅行社的定义

智慧旅行社目前还没有严格的定义,因为其业态还在发展过程中,它的发展目标还在探索中,可以从多种角度解释智慧旅行社的含义。

(一)从应用的角度定义

从应用的角度看,智慧旅行社是指以旅行社信息化建设为基础,基于互联网和移动互联网的技术应用,充分利用云计算技术、物联网以及大数据等新技术,实现各信息系统间数据的智能流转,使旅游要素配置、游客招徕、旅游产品开发、市场营销和旅游管理服务等旅行社业务实现在线化、数字化和智能化,形成一个高效管理运行和服务的、相互能感知的新型旅行社,从而为游客提供个性化的敏捷服务和定制服务。因此,智慧旅行社强调的是数据释放和流转、相互的感知以及不同系统应用的智能组合。相对而言,OTA 是智慧旅行社的基础,在线旅行社主要突出用在线的服务方式,为游客提供便捷的服务。智慧旅行社是传统旅行社的在线化,并在在线化的基础上,强调技术不断升级,服务更加人性化、个性化,强调与环境的在线互动。应用实践表明,智慧旅行社的服务是智慧型和有记忆性的,相互之间是可以感知的,通过感知以及数据的在线分析,形成真正意义的智慧旅游服务。

对于旅行社企业来说,在线旅游只是其旅游经营业务中的一部分,大部分的建设工作是所有业务的数据化,如业务流程的数据化、内部管理的数据化、客户档案的数据化以及外协业务的数据化等。由于旅行社的服务基本都是采购,自己仅是组装服务或包装服务,这给传统旅行社的数据化工作带来一定的难度,这也是智慧旅行社建设落后于智慧酒店的一个原因。智慧旅行社的建设不仅仅在于本身,它和当地的旅游局、景区、酒店、农家乐等多部门都有数据交集的环节,进行智慧化的业务流程建设需要合作才能继续,如住宿业务的流程、景区游览业务的流程等。

(二)从技术的角度定义

从技术的角度看,智慧旅行社的建设主要是信息通信技术的应用,如新一代的物联网技术、移动互联网技术、云计算技术、精准定位技术,用这些技术建立一个智慧型的综合平台。旅行社所有的管理业务及流程都与物联网有关,旅行社所有的信息系统实施都与云计算有关,旅行社的所有服务业务及流程都与精准定位技术和移动互联网技术有关。如旅行社组团需要有智慧型的系统,旅行社连锁业务管理需要有智慧型的系统,旅行社市场营销、尤其是基于网络的营销需要有智慧型的系统,旅行社客户关系管理需要有智慧型的系统,旅行社的电子商务更需要有智慧型的系统。这些技术系统智慧的基础就是所有业务流程数据化形成的大数据,它由旅行社的数据中心负责运维管理,是智慧旅行社建设的关键内容。

(三)从游客的角度定义

从游客的角度看,智慧旅行社的建设成败主要在于是否能提供智慧型的服务。旅行社要组织游客开展旅游活动,涉及预订服务、导游服务、导览服务、支付服务等,这些服务需要针对不同个性化要求的游客有智慧地去处理。如旅行中的住宿有不同要求,旅行中的餐饮有不同要求,游览中的行程和线路也有不同要求,智慧旅行社就不能标准化地提供这些服务,而应个性化地满足各种游客的不同需求,通过智慧的方法提供这些个性化的服务。在智慧旅行社的目标要求下,未来的旅行社可以为每一个游客定制服务,而这些服务可以通过智慧型的系统记忆下来,当下一次游客旅游时,旅行社就可以便捷地提供这些服务。

二、智慧旅行社的架构

在目前的智慧旅行社应用实践中,根据智慧旅行社的建设规范可以将智慧化建设的架构分为四个层次,分别为面向旅行社的基础设施建设层、面向旅游管理的应用层、面向公众和游客服务的应用层、面向旅游营销的应用层。

(一)面向旅行社的基础设施建设层

基础设施对智慧建设非常重要,主要包括网络基础、数据基础和管理基础,其中管理基础主要针对的是技术系统应用须具备的组织职能和制度。但旅行社哪些应自己去建设,哪些应由社会或政府去承担,需要了解清楚和掌握好。对于中小旅行社更多的是利用社会的基础设施资源,而不是自己去建设。以下主要对旅行社智慧化建设中的网络和数据基础设施等内容进行分析。

1.旅行社无线网络等基础设施建设

接待中心或待客区域覆盖无线宽带网络,游客在咨询及购买服务时可以方便地将手机、平板电脑等终端以无线方式连接上网,获取需要的旅游或行程信息,以满足顾客沟通、查询等的服务需求。

2.旅行社物联网基础设施建设

旅行社物联网基础设施建设主要包括配备基于物联网的自助服务终端、RFID 识别标签分布等,可供游客自助查询旅游信息、导游信息、选择导游等功能,并支持银行卡刷卡消费等功能。建设的范围主要是办公区域、接待区域以及车队和团队等。这样的网络基础便于旅行社的车辆管理、资产管理、员工管理以及团队管理等。

3.旅行社数据基础设施建设

旅行社数据基础设施主要是针对临时存储的业务数据,而系统运行的云服务数据设施可采用租用的方式。在数据基础设施建设中,从业务需求和实际应用出发,应制定统一的数据采集标准、数据接口标准,建立符合自身条件的旅游信息采集长效机制,同时建立旅游资源、旅游线路、游客信息等业务数据库的共享机制,解决智慧管理和智慧服务的数据交换和共享问题,建设目标是释放各应用系统数据的流动性。智慧旅行社的数据库有私有云数据和公有云数据之分,它们通过云数据中心实现无缝对接,拥有完善的信息使用安全保障机制。旅行社仅关心自己的私有云数据设施的建设即可。

数据基础便于旅行社业务的协同管理,如不同管理部门之间的协同、内部业务和外部业务之间的协同、管理与服务之间的协同、旅行社与政府部门之间的业务协同,这些协同都是在数据基础上通过数据服务的策略来实现的。

(二)面向旅游管理的应用层

智慧旅行社面向经营管理的智慧建设是重点,因为旅行社经营涉及复杂的协作网络和各种类型的应用系统,除了内部业务流程管理的内容,还有复杂的外部协作业务的管理内容。这些管理都是建立在数据基础上的各种应用系统,以下对几个主要的管理型应用系统进行研究。

1.团队游客管理和旅游电子合同管理系统

游客管理主要是为了有效销售和客户维系,挖掘有价值的客户资源,智慧建设主要针对游客客户的服务需求展开;智慧旅行社的电子合同管理是智慧建设的重点,它影响到组团的效率和管理能力。合同中须对目的地、旅游线路、住宿标准及酒店名称、行程详细安排等做出明确标识,并可提供手写签名设备,供用户进行手写签名,与数字签名绑定形成电子签名。系统可打印出带光学水印和二维码的防伪纸质合同,对合同进行统一编码管理并通过专门流程上报管理部门,作为备案。游客可通过合同编号登录旅行社信息门户网站查阅合同电子文本并核对。这些管理都和销售管理与营销管理对接(通过数据服务的策略),可提高旅行社经营的效率和效益。

2.导游管理系统

系统可为旅行社的导游进行业务档案管理和业绩管理,为旅行社所属的导游建立导游电子档案并与导游证编号相互关联,实现在线化的管理;也可实现对义工导游的管理,当业务需要时可以随时通过网络互动,相互感知导游管理上的需求。游客可以通过导游证编号查询导游的行业记录和资质年检情况。

3. 车载定位监控系统

该系统可对旅行车辆进行可视化管理,针对旅游大巴、景区公交等车辆,通过 GPS 定位等技术进行实时跟踪和监控管理,也可对客车的异常行为如汽车司机违规驾驶、行车路线偏离预定行程、异常停车等情况采取询问、警告、报警等即时处理,保证车辆系统运行的安全、可控。

4. 旅行社服务质量跟踪及游客互动系统

该系统具备游客投诉、处理流程跟踪、满意度调查等功能,对服务过程及服务质量进行实时记录和可视化管理。系统通过互动的功能,及时反馈游客互动和诉求信息,编制游客评价等级机制,通过互动及时了解客户的潜在需求,这对提高游客的满意度起到积极的督促作用。该系统可以独立运行,也可以嵌入门户网站以及其他针对游客的服务系统中。

5. 旅行社在线 OA 管理系统

该系统可实现敏捷的移动式行政管理,通过内网和移动互联网的互联互通,使行政命令随时随地保持畅通。系统拥有明确的操作、查阅权限等级机制,并建立合理的 OA 系统工作流程机制,实现了旅行社敏捷的精细化管理。该系统和所有业务系统都可以互联,具有完善的信息安全保障机制。

6. 旅行社电子行程单管理

该系统可预设旅游行程单电子模板,便于行程单设计和管理,系统对电子行程单进行统一编号管理,游客可通过编号查阅电子行程单,并可组装嵌入其他系统中供查询使用。

7. 旅行社运营管理信息系统

该系统是旅行社综合性的经营管理系统,包括旅行社经营管理的所有业务，如产品设计、线路设计、自由行管理、财务管理、协作管理、人力资源管理和综合管理等。系统既要有与门户网站对接的接口，又需要外连接口、业务分销的接口，以及各团队上报数据的接口等。

8.大数据建设内容

旅行社的大数据建设其实是数据中心建设，要把管理、服务所用的数据整合起来，形成智慧分析的数据基础。数据基础考虑更多的是内部数据，而大数据建设考虑更多的是外部数据如何接入和使用，应包括平台架构建设、数据整合策略建设、数据分析工具建设、外部数据接入建设以及互联网数据使用策略等建设内容，还包括数据服务的建设内容，使得旅行社服务、管理、营销的数据集能有效、便捷地提供给需要的人或部门使用。

(三)面向公众和游客服务的应用层

面向公众和游客服务的应用层体现了旅行社的智慧服务能力，这是针对游客能获得服务体验的关键内容。它的建设基于自己的网络基础和移动互联网，包括电子商务系统、导游领队服务系统以及客户关系管理系统等其他应用系统。

1.旅行社电子商务系统

旅行社电子商务系统是一个集成的服务系统，提供商务服务、信息服务、微信交流和支付、业务结算等功能。系统能实现网上预订、电话预订和网上支付，支持移动互联网电子商务和第三方支付功能。系统还具有旅行社电子商务诚信评价体系、历史记录查询以及个性化销售等应用功能。建设的内容包括门户网站、渠道信息接驳、在线支付系统、第三方渠道接口等。

2.旅行社导游领队服务系统

该系统面向游客，可实时推送行程信息给团队游客，并与导游、领队进行实时沟通。系统还包括同业信息、招聘信息,进行旅行社计调管理等功能,满足旅游中个性化服务以及灵活变动服务的需要。系统可帮助导游、领队进行行程管理、团员管理、导游报账、导游求职以及费用上报等多项业务,满足团队游人性化和个性化服务的需要。目前该系统有基于手机和基于平板电脑等应用形式,也有 App 供游客和导游下载使用。

3.旅行社客户关系管理系统

该系统的基本功能有建立客户档案、分析客户业绩、关系营销、自动销售以及维系客户关系等,扩展功能包括数据分析、自动营销以及呼叫系统等。系统通过对客户的管理,将客户作为市场资源进行运作,分类为客户提供个性化的服务。同时系统可以分析客户相关信息,为经营中的价格决策、营销决策、关系维系等提供数据支持,从而实现专门针对关系客户的自动营销和自动销售,最终提升旅行社的经营业绩,也提高了常客的服务满意度。扩充的客户关系管理可以挖掘客户价值,实现旅行社的精准销售。目前该系统基于互联网为客户提供服务,也有手机客户端为常客提供服务。

(四)面向旅游营销的应用层

面向旅游营销的应用层体现了智慧营销的能力,目前建设的内容主要利用移动互联网和社交网络,广泛地开展网络营销,智慧性地选择营销渠道,使营销效果达到最佳。这个层次的建设内容主要包括以下几个核心系统。

1.旅行社自媒体营销系统

自媒体营销可以自己控制发布信息的准确性、实时性以及营销效果,并把营销成本降到最低。该系统具备自己可控的信息发布平台(如官方网站、博客、微博、微信等),具备能直接营销到的用户群(网站注册用户、微博粉丝、微信好友等),而且可以快速地把营销信息推广出去。系统具备可以独立开展的营销活动(免费旅游产品赠送、微博/微信抽奖、有奖点评等),也可以和第三方联合开展营销,更可以和分销渠道协同开展市场营销。

2.旅行社竞争力分析与提升系统

旅行社竞争力分析与提升系统是旅行社开展营销前的自我评价和分析的应用系统。该系统先对旅行社经营数据进行准确分析和总结,支持旅行社的营销决策;然后通过对旅行社行业市场的竞争力分析和比对,充分利用国内外旅行社竞争力的研究成果,构建突显旅行社行业竞争力的模型及其评价体系,丰富竞争力提升的方法和手段,有针对性地选择营销渠道和网络营销方式。

3.旅行社舆情监控分析系统

旅行社舆情监控分析系统可实时、动态监控旅游市场舆情发生,掌控和引导网络舆情的变化,以便选择合适的网络营销对策和投放内容。该系统可与第三方研究机构、在线旅游平台、旅游企业之间建立信息收集与交换机制,实时开展旅游舆情的智能分析,并发布舆情处理的结果。系统还可以制造热点,引领网络舆情向有利于经营的方向转变,以提高营销的传播效果。

4.旅行社旅游营销效果评价系统

旅行社的旅游产品营销是根据不同的产品选择不同的营销渠道,如自由行产品投放在社交网络渠道会有比较好的营销效果。该系统根据各渠道导入的网站流量、咨询量和预订量等,判断各合作网站渠道的营销效果,通过评价分析逐步筛选出合作效果较好的网络营销渠道。本系统能实时分析旅游市场竞争力的营销薄弱环节、网络渠道影响力等环节,从而选择旅行社营销的合作伙伴、网络营销的方式以及内容投放的频道等,提升旅游营销的决策效果。

三、智慧旅行社案例——杭州信达国际旅行社

(一)公司介绍

杭州信达国际旅行社有限公司是杭州市优秀旅行社,公司位于杭州最中心的武林商圈朝晖路,是经国家旅游局、工商局正式批准注册,具有独立法人资格的旅行社。公司主要经营会议会展、旅游度假、票务预订等业务;为客户提供杭州旅游、国内旅游、华东地接旅游、公司旅游、自助游、会议接待,以及酒店预订、机票预订、景区门票预订等真正意义上的一站式旅游服务。

该公司进入旅游市场以来,获得各方的广泛好评,发展迅速,被评为浙江省公众满意—质量诚信双优单位、杭州市大学生实训基地、杭州市平安示范旅行社等;有多次接待千人会议、千人旅游的经验,并与全球500强中的多家企业签订长期供应商协议,上海世博会期间该旅行社是可以直接出票的票务代理旅行社之一。这几年,该公司围绕电子商务,业务在线化、管理在线化、服务在线化发展迅速,积极应用移动互联网,开展有效的网络营销和移动服务,获得了游客的一致好评。图 6-1 所示是该公司的门户网站首页。

图 6-1 信达国旅的电子商务门户网站

(二)信达国旅智慧建设概况

杭州信达国际旅行社开展智慧建设,主要围绕门户网站的建设以及网络渠道的建设推进,积极探索门户网站的电子商务模式以及第三方在线代理商渠道的建设与优化,同时利用第三方平台开设旅游电子商务网店。

该旅行社网络部经理指出,由于电子商务网站平台有游客足迹遗留,可方便与客户取得联系,了解客户满意度,旅行社应发挥电子商务的能力和技术优势满足游客四大主要需求,即及时准确的信息提供、有效和持续的沟通、安全无缝的在线交易、有效和持久的客户关系管理系统,通过网站实现对游客的智慧跟踪和智慧服务。通过旅行社电子商务的开展,客户能够获得实时的信息服务并完成信息交互以及直接的网络交易。

1. 旅行社自建门户网站

旅行社自建网站的优点是品牌唯一,无须给第三方佣金,对旅行社长久发展、在线组团、品牌自身推广有优势,但是由于智慧型网站建设成本高,团队人员需具备高素质,旅行社进入门槛较高,需要时间培育网络品牌。目前,该旅行社由于资金、人力的原因,自建门户网站投入较少,智慧服务的效果并不理想。

2. 旅行社依靠第三方在线代理商渠道销售产品

该模式的优点是成本、团队及门槛等要求较低,品牌见效快。缺点是品牌共享,如旅行社选择消费者使用较多的携程、艺龙、去哪儿、驴妈妈及飞猪旅行等第三方在线旅行预订代理商进行产品推广时,其中有些网站并未提及产品由该旅行社提供;另外,市场数据和业务数据旅行社无法自己掌控,利用这些渠道旅行社最多能提供一些智慧服务,而旅行社的智慧管理无法实现。因此,此模式不利于旅行社自身品牌的推广和建设。

3.第三方平台开设旅游网店

该模式的优点也是成本、团队及门槛等要求较低,并且相比第三方在线代理商,更有利于品牌推广。但是在淘宝网等第三方平台上维护旅游网店的信誉以及搜索排行需要花费大量的精力,以提高网店自身的被搜索能力。

目前旅行社的客户来源主要是从线上发展长期客户。线下的客户都是常客,主要以老年人为主。在日常的客户关系管理中,旅行社也要建立管理客户关系的网络系统,以实现对客户的在线服务和在线管理。

第四节　智慧景区

旅游景区的信息化一直在不断深入,21世纪初诞生的"数字景区"是"数字地球"发展理念在旅游风景区的具体体现,是指风景名胜区的全面信息化,包括建设风景区的信息基础设施、数据基础设施以及在此基础上建设的风景区信息管理平台与综合决策支持平台等。"智慧景区"是在"数字地球"向"智慧地球"转型这一重大背景下,结合景区规划、保护、管理、发展的客观需求而诞生的新型发展态势,是"数字景区"基础上的再一次深化和发展,它不仅仅是数字景区的完善和升级,而且是数字景区向智慧景区转型的时代呼唤。

一、智慧景区的提出

在全球社会经济信息化的大背景下,传统的景区资源保护和管理方式已经不能完全适应景区的保护与可持续发展的需要,2012年"十一"黄金周,旅游景区接待量远远超过景区承载力,加之众多景区管理上有漏洞,出现了"景区爆满,游客不满"的现象。

"华山数万人滞留,黄山游客爆满,故宫人山人海,长城不分内外"成为真实写照,这暴露出旅游景区在管理理念和手段上存在的缺陷,已经很影响游客的满意度和景区的发展。

自 2004 年开始,我国便在部分风景区进行了信息化管理示范工程。2009 年,国务院在《关于加快发展旅游业的意见》中明确提出"要将信息化与旅游业相融合发展,增强景区信息化建设"的重要政策导向。2011 年,我国在《旅游业"十二五"发展规划信息化专项规划》中指出"旅游产业需要实现由传统服务业向现代服务业转型,由粗放服务业向集约服务业转型,由本土服务业向国际服务业转型"。

景区的信息化建设成为重要的发展方向,在此背景下,智慧旅游越来越受到人们的关注和期待。实现资源保护数字化、经营管理智能化和产业整合网络化成为新时期旅游业可持续发展的时代需求。"数字景区""智慧景区"和"智慧旅游"被相继提出①。智慧景区是建立在数字景区基础上的跨越式发展,将新一代信息技术应用于景区信息宣传营销、景区游客接待服务和景区内部运营管理的各个环节中,实现景区游客体验度、资源可持续利用和现代化管理程度的全面提升。

智慧景区以数字景区为基础,数字景区为景区的规划建设与运营管理带来了多媒体技术、大规模存储以及虚拟仿真等技术,节省了劳动力,提高了服务效率。更重要的是为景区信息化后续建设搭建了一个支撑平台。但是这些技术手段的应用相对而言还是比较初级的、表层的、落后的,是在传统景区建设与管理思维与方法上的技术手段更新,并不能实现景区建设与管理的现代化。并且,随着游客需要的变化,数字景区出现了一系列问题。如缺少对网络、计算、存储、通信、安全、管理等层面统筹的规划,没有建立统一的软硬件运行平台;一些景区往往把单个的业务系统作为独立的项目来建设,从而形成了一个个的"信息孤岛",数

---

① 郭文.景区的"数字"和"智慧"[N].中国旅游报,2012-08-21.

据无法融合互通,应用系统无法互联,更谈不上支撑上层决策和分析的需求。这些问题与不足催生着智慧景区的出现与建设。

二、智慧景区的概念

(一)智慧景区的内涵

景区是旅游资源的集中承载者,是旅游吸引物的精华体现,在旅游活动的完成中起着主要作用,往往代表着一个旅游目的地的旅游形象,智慧景区不仅是旅游目的地旅游资源禀赋的集中代表,也是一个旅游目的地信息技术水平及其应用的重要窗口,游客在智慧景区感受到的不仅仅是优质的资源与服务,还有先进的技术、人文的关怀、和谐的环境等,这些因素已经成为构成旅游吸引物的重要方面,也是越来越多游客更加关注的旅游要素。

旅游工作的本质就是创造智慧。景区智慧旅游的"智慧"主要体现在旅游服务智慧、旅游管理智慧和旅游营销智慧三方面。如果说"数字"是景区"智慧"的基础,那么"智慧"则是景区"数字"的飞跃;"数字景区"是工具性技术,"智慧景区"建设则是一个较为复杂的系统工程,既要考虑如何利用新信息技术,还需考虑如何将其同管理理论集成;既需要具有技术熟练的人力资源,更需要有集技术和管理于一身的复合型智慧团队,以此发挥创造、发挥创意、发挥智慧,以信息带管理,以信息促保护,以信息造智慧,以信息增效益,实现景区与社会、经济、环境等多维度的全面、协调和可持续发展。基于此,"智慧景区"建设需要在"数字景区"的基础上实现"信息数字化、应用网络化、服务人性化"。由此可见,"智慧"之于景区,是信息化加智能化加能动化的景区,是人地和谐发展的低碳智能运营景区,其内容不仅丰富,而且全方位;内涵不仅深刻,而且影响深远,代表着景区信息化建设发展的新方向。

智慧景区的基本出发点是提升游客满意度,改善景区与游客之间的关系;方法是转变传统落后的经营管理理念和服务方式;

媒介是现代信息通信技术带来的智慧化的思想、方法和模式；途径是提升景区的技术管理等综合核心竞争力；基础是新一代信息体系技术革命浪潮中出现的云计算、物联网等技术以及其搭建的系统平台；环境是在智慧地球、智慧城市、智慧旅游的提出与建设背景下，在与智慧旅行社、智慧饭店等智慧旅游应用的相辅相成、互相促进中不断发展。

智慧景区的内涵很丰富，主要包括以下几个方面：

（1）借助物联网和位置感知等先进技术，实现对景区地理事物、自然灾害、游客行为、社区居民、景区工作人员行迹和景区基础设施、服务设施进行全面、透彻、及时的感知。

（2）实现对于游客、景区工作人员的可视化管理。

（3）利用最新信息技术和管理理论改变景区管理机构的组织结构，优化和再造景区管理业务流程。

（4）同科研院校、研究机构、酒店、旅行社、航空公司、IT公司等建立战略联盟，运用众人的智慧、集结众人的力量管理景区。

（5）智慧景区建设的目的是有效保护遗产资源的真实性和完整性，提高游客服务质量，实现景区环境、社会和经济全面、协调、可持续发展①。

在智慧景区中，突出景区数据资源的整合、存储和流通。面对景区接待散客数量和比例的提高，景区信息服务显得越来越重要。智慧景区改变传统景区信息服务内容的落后、孤立、稀少的现状，通过数据整合建设数据中心，满足游客需求，并实现整个景区、景点、饭店、交通等设施的融合互联，再通过各种智能数据分析与数据挖掘，将信息上升为资源，为景区管理决策提供参考依据，支持管理决策②。

---

① 章小平,邓贵平."智慧景区"建设浅谈（上）[N].中国旅游报,2010-01-18.
② 李洪鹏,高蕴华,赵旭伟.数字景区转型智慧景区的探索[J].智能建树与城市信息,2011(7):112-113.

(二)智慧景区的特征

区别于传统景区和数字景区,智慧景区在景区运营与管理中具有更加突出的智慧化、人性化、综合性、系统性服务功能。智慧景区的特征主要有以下几点。

1.新一代信息通信技术的应用,突出智慧化

进入 21 世纪,信息通信技术在全球范围内出现了新一轮的革命,推动各行各业信息化建设的飞跃。旅游业是关联带动性非常强的行业,旅游业与信息技术产业的融合发展自 20 世纪 80 年代开始,至今已经走过了 30 多年的历程,显示了强大的生产力。在计算机网络技术、智能控制技术等已有的数字化技术基础上,加上以云计算、物联网、虚拟现实等技术为代表的前沿技术的应用,为旅游信息化的发展带来了质的飞跃。这些技术在旅游景区的应用,将景区的基础设施、管理模式与理念、游客服务媒介与手段等方面进行了智慧化的转型与升级,极大地提升了整个景区的综合水平。突出"智慧",既是对技术设备智慧化的应用,也是对管理者、服务者与被服务者智慧的挖掘。

2.从游客和景区管理的需求出发,突出人性化

传统景区只是重视经济效益,忽视人的需求,忽视游客的满意度,这从 2012 年"十一"黄金周发生的多家景区爆满,游客怨声沸腾现象中可以看出。这种经营理念已经极不适应景区发展的需求,旅游景区需要转变思想,重视游客体验。

智慧景区建设在数字景区的基础之上,但是简单地将云计算、物联网等新一代信息通信技术直接应用于原有的管理与服务的工具与手段之上,一味地利用最新的技术与机器是曲解了"智慧"的含义,是盲目的从众心理,不考虑与现实情况的匹配程度是不可取的。智慧景区的建设要从景区的可持续发展入手,从游客的需求和景区管理的需求出发,物联网、云技术等新一代信息技

术只是实现智慧景区的手段和媒介,而不是目标。

3.管理提升与技术应用并重,突出综合性

数字景区以及传统的景区信息化建设过分强调信息技术在景区设施设备等物理层面的铺设和应用,忽视对于景区管理"软件"层面的提升,加之景区信息化建设的从众心理,忽视技术的适用性,造成设备闲置、资源浪费的现象屡屡出现。智慧景区不单单停留在前沿技术在景区基础层面的投入,更是将一种智慧化的管理理念与创新的管理模式带入景区,在技术应用的同时考虑到景区的实际情况,考虑到景区管理水平的配套提升,突出综合性。

4.搭建互通合作机制,突出系统性

目前,许多景区之间以及景区内部各个部门系统之间的团结协作机制还未形成,外部孤立化、内部条块化现象比较普遍。这种现象不仅表现在业务合作上,而且表现在信息沟通与共享上。造成景区的服务效率低下,游客问题得不到及时解决,发展动力不足。因此智慧景区首先要解决的问题就是信息资源的共享。在智慧景区的体系建设中,数据资源库建设是非常必要的,数据库建设不仅实现景区内部各个系统部门在资源上的共享,提升协作,而且在实现景区与其他景区以及政府管理部门、其他旅游企业、游客之间的沟通与资源共享,完善景区内部协作系统的同时,将景区置于一个更大的关联网络中,加强了景区与外部的联系。

三、智慧景区的架构

智慧景区的建设是一个复杂的系统工程,需要利用现代信息通信技术,将信息通信技术与科学管理结合起来,实现各个系统之间的互通协作,从而实现对于景区硬件与软件的全面提升。智慧景区的整体建设自下而上包括信息技术设施层、信息数据中心、信息化管理与交互平台、中央管理系统。从景区的运营管理

业务出发,可以划分为智慧景区的营销宣传系统、智慧景区的接待服务系统、智慧景区的运营管理系统。以下便从景区的运营管理角度出发,对智慧景区的架构进行具体研究。

(一)智慧景区的营销宣传系统

1. 旅游景区门户网站集群

景区宣传营销服务系统是景区形象的集中展示,也是景区能够吸引游客产生旅游动机,实现后续行为的关键。因此,景区的宣传营销服务系统往往受到极大关注。在众多的营销媒体中,网站无疑是最为重要的一个,因此,景区官方网站的建设成为旅游目的地打造的重点。智慧景区的宣传营销服务系统整合各类技术,全面、及时地实现旅游信息传播的同时,应该按照游客的体验习惯,做到信息的形象、生动、具体。

旅游景区的官方网站集群包括传统的旅游政务网、旅游资讯网,还包括景区的体验网以及其他景区根据自身情况和需求建设的特色网站。在满足游客最基本的信息需求的前提下,利用先进技术给予游客体验,增加景区服务附加值。各类旅游景区网站之间要实现链接的无障碍化,景区网站建设要突出丰富的网站功能,比如多种语言版本和访问途径,建设景区与游客以及游客之间的交流互动平台,加大网站的信息更新与内容充实等维护工作的力度。

2012 年 6 月 18 日,昆明官渡古镇网升级改版后正式上线,通过古镇网站把古镇的古滇文化、贝丘文化、文物古迹、非遗传习馆、官渡民俗、古镇荣誉以及官渡古镇旅游看点、旅游服务的优势等投放到互联网,塑造古镇形象,展示和传承官渡文化。改版后的官渡古镇网站分为"知——古镇文化"、"游——古镇游览"、"闲——古镇休闲"、"景——掠景官渡"、"闻——古镇新闻"、"访——在线互动"六大部分。结合合理全面的组合图片、音频和视频文件,通过 Flash 栏目、电子杂志、电子沙盘和全盘 360°VR

等"3D-S"技术的呈现反映古镇文化的文物古迹、风土人情、商业活动等内容。其中,最具特色的是"游——古镇游览"部分,该模块大致分为古镇地理区位、总体规划(电子沙盘)、官渡区景点介绍和古镇风光四个部分,采用全新的3D影片,更能突出表现古镇的风貌,还可以还原老官渡八景,此外古镇风光除了传统的图片展示之外,还将采用实景VR技术和互动性强的360°视觉体验达到引人入胜的效果(见图6-2)。

图6-2　昆明官渡古镇网

2.旅游景区社会化媒体营销系统

在传统的旅游景区网站之外,社会化媒体的出现为景区的宣传营销打开更多的途径,丰富了景区的营销体系。微博作为一种新兴的社会化媒体,已经在旅游景区的宣传营销中发挥出重要作用。微博营销不仅具有信息发布及时、受众面广的特征,而且其轻松自由的语言也更容易被接受,拉近景区与游客之间的距离。而与微博相近的微信,也拥有强大的用户群体,成为景区宣传营销的又一便捷窗口。景区在选择应用这些媒体的时候要根据自身的特征与需求,明确利用的目的和营销的重点,根据实际需要设置专门部门或者人员进行每日信息的更新以及与游客的互动,切实全面地满足游客对于信息的需求。如果只是为了指标业绩而开通,不重视应用和运营管理,相关业务往往会被闲置。

（二）智慧景区的接待服务系统

1.电子票务系统

电子票务系统往往与电子门禁系统联系在一起,现代景区门票已经朝着电子化方向更新换代。在形式上主要有 RFID 电子票、条形码电子票和二维码电子票。利用电子票务,可以实现景区检票过程的简化,同时可以实现对于景区游客接待量的实时监控,方便统计和管理。

RFID 电子票、条形码电子票和二维码电子票系统通过射频技术,实现景区检票过程的简化。同时通过位置感知技术可以实现对于景区游客接待量的实时监控。电子票务具有识别号唯一、支持远距离读取、多标签读取、携带数据存储机制、防伪性能好等优点,实现售票、检票、查询统计、智能决策、客户关系管理等综合管理功能,同时实现该景区的规范化、流程化、智能化管理,加快景区的数字化建设步伐,进而提升景区的经济效益和社会效益。

2.智能终端服务系统

游客在旅游过程中对信息的需求是实时的,由于景区信息准备不充分而造成游客体验下降的现象常常发生。而智能终端的出现则有效地解决了这一问题。智能手机、旅游信息触摸屏等智能终端的出现将景区信息服务从旅游前推广到了旅游中。游客可以在任何想要获得信息的环节通过智能终端实现自助信息服务。这不仅有利于旅游服务的全面化,而且有利于景区通过智能终端收集游客行为特征,为景区开展宣传营销以及战略决策提供依据。

智能手机是操作比较简便,而且应用非常广泛的景区智能终端服务系统平台。随着国内众多景区纷纷建设"游客助手"项目,智能手机旅游系统已经逐渐在游客中普及。因此,借助智能手机实现景区游览讲解、位置服务等操作已经成为许多提供商和景区服务产品的延伸，具有实践价值。

景区旅游信息触摸屏在景区中承担着旅游咨询服务的功能，尤其在目前景区利用游客智能手机提供服务还未普及时，因此，景区内旅游信息触摸屏的建设至关重要。景区旅游信息触摸屏包含景区信息往往比较全面，涵盖景区吃、住、行、游、购、娱各个方面，操作也相对比较简便，方便游客了解景区相关景点、名胜古迹。图文并茂、灵活生动，帮助游客更加生动直接地了解景区的资源，增强景区对游客的吸引力。并能和旅游局网站、景区网站、住宿信息、航班信息等形成对接。景区旅游信息触摸屏的应用有利于旅游景区提高文化品位和经营效益水平，有利于旅游者获得更高的旅游价值和旅游体验。

3. 智慧景区智能停车系统

私人汽车拥有量激增，自驾游越来越旺盛，每当旅游旺季，景区停车就成为自驾游游客非常关注的问题之一。景区的停车条件是景区承载力的一个方面，代表着景区的开放性，是景区综合实力的展现。然而，由于缺乏智能停车系统和科学的管理，景区停车矛盾日益激化升级，旅游园区环境也变得愈发混乱，车辆逆行、乱停乱放现象随处可见。

智慧景区智能停车系统利用先进的技术手段，能够有效规范停车管理，维护停车秩序，满足旅游停车需求，例如 GPS 车辆调度系统。GPS 车辆调度系统是利用 GPS 技术、电子地图技术，对景区内车辆进行监控、调度、导航等，该系统由车载终端、通信服务系统、监控中心 3 部分组成。[①] 智慧景区的停车系统将景区内部交通诱导信息系统、景区停车电子收费系统、智能停车场调节与预约系统等集合起来，形成一体化的景区智能停车体系。

---

① 陈涛，徐晓林，吴余龙. 智慧旅游——物联网背景下的现代旅游业发展之道[M]. 北京：电子工业出版社，2012，第58页。

(三)智慧景区的运营管理系统

1.智慧景区决策支持系统

决策支持系统(Decision Support System,DSS)以计算机技术、仿真技术和信息技术为手段,为决策者提供分析问题、建立模型、模拟决策过程和方案的环境,是具有一定智能行为的计算机应用系统。[①] 智慧景区决策支撑系统通过对景区全面的经营管理数据和财务数据的挖掘整理,为景区决策者提供辅助参考。

智慧黄山景区的决策支撑系统实现在智慧黄山景区信息基础设施、数据基础设施、共享服务平台的支撑下,在业务应用系统的基础上,通过对黄山风景名胜区多种信息的综合集成分析与多种专业模型的集成应用分析,再加上知识库和预案库的配合,为黄山风景名胜区的资源环境保护、业务管理、旅游经营、公众服务提供定性和定量化的科学决策支持,以便实现更高效的管理与服务,为创建国际精品旅游景区及世界一流旅游目的地的总体目标提供信息技术保障(见图 6-3)。

2.智慧景区安全导航系统

景区的安全问题事关重大,是景区管理层和游客关注的重点。为降低游客安全事故的发生率,一方面需要提醒游客注意安全,规范旅行社的操作细节;另一方面还需要借助先进的技术手段,例如,通过位置服务确定游客所在的具体地址,对于危险环境和安全隐患给予及时的通知,游客发生危险时能够准确定位,节省救助等待时间等,实现景区安全监控和安全导航。

[①] 高洪深.决策支持系统(DSS)理论与方法[M].4 版.北京:清华大学出版社,2009,第 24 页.

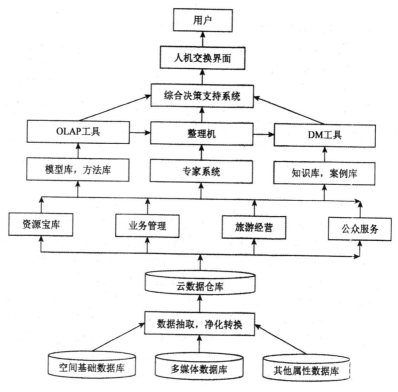

图 2-6　智慧黄山景区决策支撑系统总体架构①

　　2012 年"十一"长假期间,浙江省淳安县港航管理处开始实施将千岛湖打造成国内首个"智慧航区"的规划。所谓"智慧航区",就是以数字化、电子智能模式来掌控整个航区情况。利用现代物联网技术,通过各类感知设备、智能决策分析,实时评估水上安全情况,进行指挥调度,以达到遇险时快速、精确的搜救功能。

　　目前千岛湖航区大部分船只都安装了"千里眼、顺风耳",即航道视频监控、船舶移动视频监控、船舶 GPS 动态管理系统、手机报港备案等系统。为千岛湖航区编织出一张覆盖整个湖区的智慧型安全保障网,可有效提高整个千岛湖水域的安全监控、应急反应、智能分析、智慧决策和搜救指挥能力,实现千岛湖水域全

　　①　彭霞,朱战强,张艳.智慧黄山景区决策支持系统研究[J].中国园林,2011(9):36－39.

方位覆盖、全天候运行、全时段搜救。

3.智慧景区环境监控系统

景区环境资源是景区承载力的重要表现,也是构成景区吸引力的因素之一。随着景区接待游客量的暴涨,景区的环境受到破坏,突出表现为空气质量下降、水质污染、生物系统受到破坏等,这严重影响景区的可持续发展。

智慧景区的环境监控系统能够利用相应的数据自动采集系统定期采集样本,及时记录景区各类环境资源的数据,通过分析仪器获得检测指标情况,与相关标准体系进行对比,得出环境变化的情况评断。对于环境资源进行定期检测,为及时采取必要措施避免景区生态环境的恶化提供了保障①。

4.智慧景区的协同合作系统

智慧景区的协同合作系统包括景区内部各个子系统之间的协同以及景区与其他景区、管理机构、其他企业之间的合作系统,是景区内部与外部环境的结合体。建立在景区数据资源中心的基础上的信息共享是景区协同合作的前提和最主要形式,随着游客信息需求的旺盛和全面性、系统性特征的不断凸显,景区内部和外部之间的协同合作需求也越来越迫切。智慧景区的协同合作以信息资源的互通共享为前提和纽带,这样才能打破景区内部各部门之间的壁垒,打破景区与外部各单位和企业之间的孤立,实现景区整体水平的提升和与其他单位之间的共赢。

四、智慧景区案例——天安门

2011 年,大地风景国际咨询集团为天安门地区管委会提供了《天安门地区旅游发展咨询报告》。"智慧天安门"是此报告提出

---

① 陈涛,徐晓林,吴余龙.智慧旅游——物联网背景下的现代旅游业发展之道[M].北京:电子工业出版社,2012,第 109 页。

的"'一主三辅'天安门地区旅游系统"(见图 6-4)的核心,能够在提升天安门旅游服务水平、推动多部门管理联动、优化广场旅游秩序、提升旅游设施使用率和提高游赏便捷性等方面发挥重要功能。

图 6-4 "一主三辅"天安门地区旅游系统

(一)治理非法一日游

综合运用"智慧天安门"系统,可有效解决信息不对称等问题,对治理天安门地区的"非法一日游"发挥特殊功效。

(1)自动发送欢迎提醒短信。任何持有手机的游客(可选非京号码)在进入天安门地区时就能够收到一条包括以下内容的短信:欢迎来到天安门地区;当日天安门天气、各景点开放时间与动态;公布北京一日游指导价,提醒游客不要相信非法小广告;提醒游客到正规咨询中心和志愿者服务亭咨询;告知免费旅游咨询热线;告知游客可用手机登录 WAP 官网和通过无线网络登录 Web 官网。

(2)方便快捷的网络查询。持有智能手机、平板电脑、iPad、笔记本电脑等便携式设备的游客,能够在天安门通过 WiFi 无线网络登录官方网站和其他网站,查询相关一日游信息,进行实时在线咨询,避免上当受骗。

(3)免费一日游咨询热线。由游客咨询中心建立免费一日游咨询热线,可选择自动应答和人工应答相结合的方式,为游客提供准确的一日游信息。

(二)智能定位导航

(1)公共交通游客。在电子地图上准确实时定位;地铁、公交站点及线路;出租车停靠点位置。

(2)自驾车游客。在电子地图上准确实时定位;显示道路交通流量和拥堵状况;标注停车场位置,并实时发布停车场车位状况;智能定制行车路线。

(三)导游讲解服务

(1)游览点与设施引导。游客可通过无线网络浏览电子地图,了解游览点和厕所、餐厅、购物店、休息区的位置,点击阅读游览点的详细资料,进行参观国家博物馆、人民大会堂的网上预约等。

(2)设计游览线路。游客选择游览点后,系统能自动设计天安门地区游览线路,并计算所需时间和步行距离。

(3)电子讲解。游客除可通过无线网络浏览电子地图和游览节点的详细资料外,还能够通过收音机或带收音机功能的手机收听智能讲解广播,在走进特定游览点时系统自动切换到相应的讲解。

(四)游客时空分流管理

(1)出入口和主要节点显示屏。实时显示各游览点的游客数量和拥挤状况,比如,毛主席纪念堂、天安门城楼、人民大会堂和国家博物馆的排队人数,各休息区的状况。引导游客选择先游览人数较少的游览点。

(2)网络。游客通过 WiFi 无线网络、有线网络在天安门旅游官网上能够及时了解游览点和休息区的实况信息,相关信息也能够智能的在电子地图上显示。

（3）短信通知和广播播报。在某节点游客量达到设定数量时，系统自动发送短信通知，提醒游客优先选择其他游览点。游客通过收音机或带收音机功能的手机，也能够收听到相应的通知。

（五）环境监测与管理自动化

（1）防暑降温。当传感器检测到广场气温超过 32℃ 或地面温度超过 45℃ 时，广场上的降温喷雾装置自动启动。还可增设临时遮阴设施和活动座椅。

（2）垃圾清理。系统能够即时检测到游客的实时分布，从而合理分配环卫工作人员和保洁快速捡拾车。在某垃圾桶垃圾装满时，能自动通知就近环卫人员清理。环卫人员也能够通过手持设备了解周边垃圾桶动态。

（3）应急处理。在发生紧急情况的时候，能够自动预警。并对情况进行分析，为管理决策人员提供依据。在启动应急响应之后，系统能够根据应急响应等级，自动迅速通知相关责任人，提高应急处理快速反应能力。

（4）可视化管理。管理人员在监控显示墙上，能够看到广场各处的实时监控实况，游客分布与行为特征，显示安保人员、环卫人员、志愿者、流动购物车等的实时位置。根据情况的变化，采取应对措施，通过系统发出指令进行人员和设施调配。

参考文献

[1]孙杰光.现代服务业发展概论[M].北京:中国金融出版社,2017.

[2]贺景霖.现代服务业发展研究[M].武汉:湖北科学技术出版社,2017.

[3]王辉.智慧经济[M].杭州:浙江大学出版社,2017.

[4]陆均良,宋夫华.智慧旅游新业态的探索与实践[M].杭州:浙江大学出版社,2017.

[5]钟栎娜,邓宁.智慧旅游:理论与实践[M].上海:华东师范大学出版社,2017.

[6]赵华伟,郭强,彭云,等.互联网金融[M].北京:清华大学出版社,2017.

[7]李麟等.智慧银行:未来银行服务新模式[M].北京:中国金融出版社,2017.

[8]韩友诚.互联网时代的银行转型[M].北京:企业管理出版社,2017.

[9]孙虹."互联网+"时代智慧医院建设[M].北京:电子工业出版社,2017.

[10]赵向军.智慧教育系统理论、方法与实践[M].北京:科学出版社,2017.

[11]唐勇.互联网金融概论[M].北京:清华大学出版社,2017.

[12]燕鹏飞.智能物流链接"互联网+"时代亿万商业梦想[M].北京:人民邮电出版社,2017.

[13]哈斯高娃,张菊芳,凌佩,等.智慧教育[M].北京:清华大学出版社,2017.

[14]林庆.物流3.0"互联网+"开启智能物流新时代[M].北京:人民邮电出版社,2017.

[15]王先庆.互联网+物流[M].北京:人民邮电出版社,2016.

[16]王运武,于长虹.智慧校园:实现智慧教育的必由之路[M].北京:电子工业出版社,2016.

[17]蔡皎洁.网络金融[M].北京:机械工业出版社,2016.

[18]胡荣.智慧物流与电子商务[M].北京:电子工业出版社,2016.

[19]杨红云,雷体南.智慧教育:物联网之教育应用[M].武汉:华中科技大学出版社,2016.

[20]王喜富.大数据与智慧物流[M].北京:清华大学出版社,北京交通大学出版社,2016.

[21]张宇.智慧物流与供应链[M].北京:电子工业出版社,2016.

[22]李海峰.智慧银行:银行互联网+[M].北京:中国经济出版社,2016.

[23]郭春光,赵月阳.众筹:互联网+时代的融资新思维[M].北京:人民邮电出版社,2016.

[24]黄佑军,马毅,周启运.互联网金融模式探究及案例分析[M].广州:暨南大学出版社,2016.

[25]海天理财.一本书读懂互联网金融理财[M].北京:清华大学出版社,2016.

[26]陈章龙.中国现代服务业发展研究报告[M].南京:南京大学出版社,2016.

[27]郭源生,王树强,吕晶.智慧医疗在养老产业中的创新应用[M].北京:电子工业出版社,2016.

[28]裘加林.智慧医疗[M].北京:清华大学出版社,2015.

[29]姚国章.智慧旅游新探索[M].长春:东北师范大学出版社,2015.

[30]周秀玲.现代服务业与城市化协调发展[M].北京:社会科学出版社,2015.

[31]李华沙,吴桂华,吴文.现代服务业[M].贵阳:贵州人民出版社,2014.

[32]宋炳方.智慧金融[M].北京:经济管理出版社,2014.

[33]李云鹏.智慧旅游规划与行业实践[M].北京:旅游教育出版社,2014.

[34]李云鹏,晁夕,沈华玉,等.智慧旅游:从旅游信息化到旅游智慧化[M].北京:中国旅游出版社,2013.

[35]黄羊山,刘文娜,李修福.智慧旅游:面向游客的应用[M].南京:东南大学出版社,2013.

[36]姚志国,鹿晓龙.智慧旅游:旅游信息化大趋势[M].北京:旅游教育出版社,2013.

[37]张超超,孙建功.发展现代服务业[M].济南:山东大学出版社,2012.

[38]温晓岳,徐理虹,王瑞慷,等.智慧金融[M].北京:清华大学出版社,2012.

[39]马勇,陈小连,马世骏.现代服务业管理原理、方法与案例[M].北京:北京大学出版社,2010.

[40]冯韵,张泰祯.浅析现代物流的发展与创新[J].中国商论,2018(11):18—19.

[41]王继祥.智慧物流发展路径:从数字化到智能化[J].中国远洋海运,2018(6):36—39.

[42]叶胜寒.浅谈我国智慧物流发展现状及趋势[J].纳税,2018(14):158—159.